"十四五"职业教育国家规划教材

|职业教育电子商务专业 系列教材|

跨境电子商务实务

主 编／李晓燕

副主编／张春春 谭永林 余慧婵

参 编／（排名不分先后）

叶丽瑜 何 娅 张锋辉 李静思 林妙聪 梁家铖

重庆大学出版社

内容提要

本书基于完整的跨境电商知识和平台操作过程来编写。以最具代表性的亚马逊平台为讲解平台，由浅入深地介绍了跨境电商的知识和亚马逊平台操作技巧。其中还恰当地融入思政内容，培养学生的团队合作意识、自主探究的能力、严谨的工作态度、诚信经营的理念等。本书共有 8 个项目，包括走进跨境电商的世界、认识亚马逊、选择国际物流、确定上架的商品、创建 Listing、上传及编辑产品、设置站内广告和促销活动、亚马逊客服及评价管理。

本书兼顾理论与实操，既可以作为中高职院校跨境电商、国际商务、电子商务、商务英语等专业的教材，也可以作为其他专业相关选修课程及社会人士跨境电商入门用书。

图书在版编目（CIP）数据

跨境电子商务实务 / 李晓燕主编. --重庆：重庆
大学出版社, 2021.10（2024.7重印）
职业教育电子商务专业系列教材
ISBN 978-7-5689-2980-6

Ⅰ.①跨… Ⅱ.①李… Ⅲ.①电子商务—职业教育—
教材 Ⅳ.①F713.36

中国版本图书馆CIP数据核字（2021）第190933号

职业教育电子商务专业系列教材
跨境电子商务实务
KUAJING DIANZI SHANGWU SHIWU
主　编　李晓燕
副主编　张春春　谭永林　余慧婵
责任编辑：王海琼　　版式设计：王海琼
责任校对：谢　芳　责任印制：赵　晟
＊
重庆大学出版社出版发行
出版人：陈晓阳
社址：重庆市沙坪坝区大学城西路21号
邮编：401331
电话：（023）88617190　88617185（中小学）
传真：（023）88617186　88617166
网址：http：//www.cqup.com.cn
邮箱：fxk@cqup.com.cn（营销中心）
全国新华书店经销
印刷：重庆正文印务有限公司
＊
开本：787mm×1092mm　1/16　印张：14.5　字数：364 千
2021年10月第1版　　2024年7月第2次印刷
ISBN 978-7-5689-2980–6　定价：45.00元

编写人员名单

主　编　李晓燕　东莞市商业学校

副主编　张春春　东莞市商业学校

　　　　谭永林　东莞市商业学校

　　　　余慧婵　东莞市电子商贸学校

参　编　（排名不分先后）

　　　　叶丽瑜　东莞市经济贸易学校

　　　　何　娅　东莞市商业学校

　　　　张锋辉　惠州市通用职业技术学校

　　　　李静思　中山市沙溪理工学校

　　　　林妙聪　佛山市顺德区李伟强职业技术学校

　　　　梁家铖　东莞市铖瀚电子商务有限公司

前言 /Preface

在"互联网＋背景"下，全球跨境电商交易蓬勃发展。2020年，由于受疫情的持续影响，线上消费规模迅速扩张，尤其2019—2020年欧美及亚太地区主要国家整体电商零售额增幅超过了15%。截至到2020年底，中国货物贸易进出口总值达到32.16万亿元，比2019年增长1.9%。其中，2020年中国跨境电商进出口1.69万亿元，增长了31.1%。跨境电商行业自然成为人们争抢的下一片"蓝海"。

2021年4月在全国职业教育大会上，习近平总书记对职业教育工作做出重要指示，强调加快构建现代职业教育体系，培养更多高素质技术技能人才、能工巧匠、大国工匠。"跨境电子商务实务"作为跨境电商专业的核心课程，目前使用的教材要么比较理论化，要么就是各校老师摸索各平台自己得出实践经验用于教学，比较少有成系统的实践性教材可用，符合中职学生学情的实务教材更是凤毛麟角，难得觅之。编者综合企业专家和一线教师的丰富经验，编写了这本既有完整理论框架，又有具体操作流程的教学用书。

本书采用"项目→任务→活动"的方式及"任务驱动法"的模式进行编写。本书以目前全球主流的跨境电商平台"亚马逊"为主要的实操讲解对象，以跨境电商交易过程中涉及的主要流程为脉络，以某校开设的真实店铺为载体，将一个真实而完整的跨境电商项目运营的全过程进行项目划分、任务分解，让学生带着项目、带着任务有目的性地学习跨境电商交易过程中涉及的各个环节，让学生掌握跨境电商运营实操过程中的相关知识，提高店铺运营技能。本书还恰当地融入思政内容，培养学生的团队合作意识、自主探究的能力、严谨的工作态度、诚信经营的理念等。

本教材共包含八个项目，项目1"走进跨境电商世界"由林妙聪编写；项目2"认识亚马逊"由余慧婵编写；项目3"选择国际物流"由张锋辉编写；项目4"确定上架的商品"由叶丽瑜编写；项目5"创建LISTING"由李晓燕、李静思编写；项目6"上传和编辑产品"由张春春编写；项目7"设置站内广告及促销活动"由谭永林编写；项目8"亚马逊客服及评价管理"由何娅编写。本书由李晓燕担任主编并负责统稿，张春春、谭永林、余慧婵担任副主编并协助统稿。本教材注重校企合作，东莞市铖瀚电子商务有限公司的梁家铖经理全程参加编写工作并提供行业技术指导。

本书配有电子课件、电子教案、习题答案等资源供教师参考，需要者可登录重庆大学出版社的资源网站（www.cqup.com.cn）下载。

本书在编写过程中，参考和引用了国内外一些专家、学者、教师的有关资料和著作，在此一并表示感谢。由于编者水平有限，书中难免有不妥之处，敬请同行及读者批评指正。

联系电话：023-88617115。

编　者
2021年6月

项目1 走进跨境电商的世界

项目2 认识亚马逊

项目8　亚马逊客服及评价管理

参考文献

项目 1
走进跨境电商的世界

【项目综述】

随着全球经济化和电子商务的不断发展，跨境电商作为一种新型、实用、方便的国际贸易方式，正在不断地融入世界各地的经济发展中。

近年来，我国十分注重跨境电商的发展，自 2013 年习近平主席提出"一带一路"构想以来，在"互联网+"的大背景下，跨境电商迅速发展起来，鼓励大众创业万众创新。自新型冠状病毒爆发以来，中国跨境电商发展为世界经济复苏做出了重要贡献。只有经济发展起来了，才能有助于我国实现"富强、民主、文明、和谐"的社会主义现代化国家的建设目标。据海关初步统计，2020 年中国跨境电商进出口商品总额达到 1.69 万亿元，同比增长 31.1%，其中出口为 1.12 万亿元，增长 40.1%。

短短几年间，跨境电商为社会提供了大量的工作岗位，为缓解社会就业压力、精准扶贫和我国对外贸易做出了重大贡献。

党的二十大报告提出"发展数字贸易，加快建设贸易强国"的部署要求，要推动货物贸易优化升级，创新服务贸易发展机制。大力发展跨境电商，通过跨境电商平台、跨境电商产业园、海外仓等，使跨境电商生态圈不断完善，壮大外贸新业态，培育外贸新的增长点。

陈帅和他的同学们就读于某校跨境电商专业，该校跨境电商专业一直与 SUNNY 外贸公司进行校企合作。SUNNY 外贸公司是一家跨境电商公司，主营童鞋。陈帅和他的同学们在学校指导老师的带领下，准备到 SUNNY 外贸公司进行项目实训。

今天，陈帅和他的同学们到公司报到，企业导师带他们熟悉办公环境并向他们介绍了公司文化、公司规章制度、公司主营产品等。熟悉完公司环境后，企业导师让陈帅他们从最基本的知识入手，由浅入深一步步地打开跨境电商的大门。

【项目目标】

通过本项目的学习，应达到的具体目标如下：

知识目标

◇ 了解跨境电商的发展历程和前景

◇ 了解跨境电商与传统外贸及国内电商的区别

◇ 了解主流跨境电商平台

技能目标
◇熟练掌握跨境电商相关规则
◇熟悉主流跨境电子商务平台的优势和劣势
素质目标
◇培养学生对跨境电商的全局意识
◇培养学生独立思考、解决问题的能力

【项目思维导图】

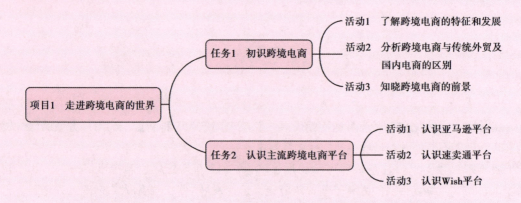

任务1 》》》》》》
初识跨境电商

情境设计

这天部门开早会，企业导师告诉陈帅跨境电商正处于迅猛发展阶段，国内国外形势一片大好，让陈帅和同学们先上网了解跨境电商的一些基础知识，比如可以从跨境电商的特征和发展、跨境电商与传统外贸及国内电商的区别这些方面入手。为了完成企业导师布置的任务，陈帅他们迅速通过搜索引擎上网查找最新相关资料。

任务分解

企业导师为了让陈帅更好地完成任务，将该任务分为以下 3 个活动：
①了解跨境电商的特征和发展；
②分析跨境电商与传统外贸及国内电商的区别；
③知晓跨境电商的前景。

活动1　了解跨境电商的特征和发展

活动背景

陈帅通过资料了解到：我国跨境电商的快速发展是社会、科技发展到一定程度的经济产物，是一种必然的经济形式。了解我国跨境电商发展史，是走进跨境电商的第一步。

活动实施

□ 知识窗

1.跨境电商概念及相关知识

（1）跨境电商的概念

跨境电子商务（Cross Border E-commerce），简称跨境电商，是指分属不同关境的交易主体，通过电子商务平台达成交易、进行支付结算，并通过跨境物流送达商品、完成交易的一种国际商业活动。

（2）跨境电商的分类

①按进出口模式不同分类

跨境电商分为进口跨境电商和出口跨境电商，如图1.1.1所示。

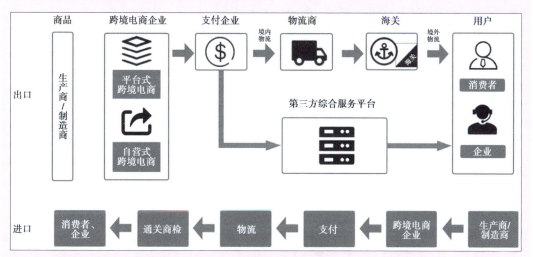

图1.1.1　跨境电商进出口流程

● 进口跨境电商，是海外卖家将商品直销给国内的买家。一般是国内消费者访问境外商家的购物网站选择商品，然后下单，由境外卖家通过国际物流发货给国内消费者。

● 出口跨境电商，是国内卖家将商品直销给境外的买家。一般是国外买家访问国内商家的网店，然后下单购买，并完成支付，由国内的商家通过国际物流发货给国外买家。

在本书中，我们所讨论的跨境电商主要指出口跨境电商。

②按交易主体类型的不同分类

根据跨境电商交易主体的类型不同，跨境电商分为B2B、B2C和C2C，见表1.1.1。

表 1.1.1　交易主体类型分类的跨境电商

类　型	特　点	代　表
B2B	B2B（Business to Business），即企业对企业，跨境电商企业或平台为企业或集团客户提供产品、服务等相关信息。	环球资源 阿里巴巴国际站
B2C	B2C（Business to Customer），即企业对个人，跨境电商企业以网上零售的方式将产品售卖给个人消费者。	全球速卖通 亚马逊、Wish
C2C	C2C（Customer to Customer），即个人对个人，个人卖家通过发布商品信息将商品售卖给个人消费者。	eBay

③按平台模式的不同分类

按照跨境电商平台运营模式的不同，将跨境电商平台分为第三方开放型平台、自营型平台、"第三方＋自营"型平台。

第三方开放型平台模式是指平台型电商通过线上搭建商城，整合物流、支付、运营等服务资源，吸引商家入驻，为其提供跨境电商交易服务。平台以收取佣金及广告费等作为主要盈利模式。

自营型平台就是俗称的独立站。部分实力强、技术高的外贸企业自己联系供货商或自己生产商品，自建平台，将产品销往海外，其盈利模式是利润。

"第三方＋自营"型平台模式是指电商企业在自营的外贸网站上引入其他品牌产品，在赚取商品利润的同时也赚取第三方商家支付的服务费。

2. 跨境电商的特征

跨境电商的 6 个特征如图 1.1.2 所示。

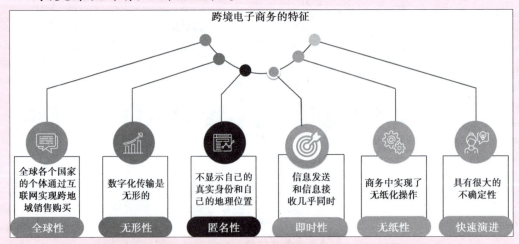

图 1.1.2　跨境电商的特征

3. 我国跨境电商的发展历程

我国跨境电商经历了起步期、成长期、发展期、成熟期 4 个阶段，如图 1.1.3 所示。

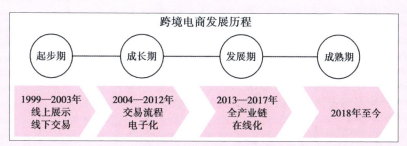

图 1.1.3　我国跨境电商经历的 4 个发展阶段

（1）起步期（1999—2003 年）

1999 年随着阿里巴巴成立，我国首次实现用互联网连接中国供应商与海外买家后，互联网化的中国对外贸易就此出现。在此之后，一共经历了 4 个阶段，实现了从信息服务，到在线交易、全产业链服务的跨境电商产业转型。

（2）成长期（2004—2012 年）

2004 年，跨境电商进入了快速成长期。这个时期线上交易、支付、物流等流程的电子化逐步实现。B2B 平台模式成为这一阶段的主流模式。

（3）发展期（2013—2017 年）

2013 年成为跨境电商重要转型年，跨境电商全产业链都出现了商业模式的变化。随着跨境电商的转型，跨境电商进入了发展期，大型平台不断涌现，B2C 平台占比提升，移动端发展迅猛，如图 1.1.4 所示。

图 1.1.4　跨境电商企业蓬勃发展

（4）成熟期（2018 年至今）

2018 年至今，经过了跨境电商的红利期，中国跨境电商逐渐走向成熟期，行业规模迎来了稳步增长，大型跨境电商企业开始整合供应链，同时跨境电商供应链各环节趋向融合。精细化运营成为主流，新零售、直播营销等创新模式持续渗透。各大品牌积极出海全球，打造全球品牌，让世界看到中国智造，听到中国的声音。

中国品牌
出海全球

🔍查一查

国内外跨境电商发展情况。

第1步：陈帅和他的同学通过选用合适的搜索引擎（如 Google、Baidu、Yahoo 等）或其他检索工具探索我国和世界（以美国为例）跨境电商的发展历程，并收集如下信息：

①在世界跨境电商的发展历程中，有哪些关键的年份和典型事件？

②在我国跨境电商的发展历程中，有哪些关键的年份和典型事件？

③我国跨境电商和世界跨境电商相比，有何不同？

第2步：陈帅和同学们分工、合作整理出对跨境电子商务的认知。

第3步：由陈帅为代表向企业导师分享成果。

✎ 做一做

浏览目前比较有代表性的跨境电子商务网站。

第1步：打开 IE 浏览器，打开 3 个网站：亚马逊、速卖通、Wish 进行浏览。

第2步：陈帅和同学们依次浏览 3 个网站后，从用户的角度完成表 1.1.2 的浏览体验报告表。

表 1.1.2　网站浏览体验报告表

网站名称	网站突出的功能或特点	喜欢该网站的地方	不喜欢该网站的地方
亚马逊			
速卖通			
Wish			

第3步：完成浏览报告后，由陈帅为代表展示他们的成果。

※ 活动评价 ※

陈帅他们通过活动初步了解了互联网搜索工具，并通过自己搜索相关资料更深入地了解了跨境电商的发展历程。这次活动是陈帅和同学们的第一次合作，也是相互磨合和了解的一个过程，团队合作意识更强。此外，同学们觉得跨境电商这个行业非常有前景，希望可以了解更多知识。

活动 2　分析跨境电商与传统外贸及国内电商的区别

活动背景

陈帅他们通过学习知道跨境电商的发展史，对跨境电商的发展有了一定了解。企业导师告诉他们，还可以从跨境电商与传统外贸及国内电商的区别方面进一步学习了解跨境电商。陈帅在企业导师的提示下准备开始学习跨境电商、传统外贸、国内电商的相关知识。

活动实施

▢ 知识窗

1. 跨境电商与传统外贸的不同

传统外贸多通过海运和空运运输商品,运输方式因素对交易主体影响不明显,交易环节复杂;跨境电商借助第三方物流企业,中间环节少,一般以航空小包的形式完成,物流因素对交易主体影响明显,呈现出良好的发展势头。跨境电商与传统外贸的流程如图 1.1.5 和图 1.1.6 所示。

从上面两个图可以看出:跨境电商打破了传统外贸模式下国外渠道如进口商、批发商、零售商的垄断,使得企业可以直接面对个体批发商、零售商,甚至是直接的消费者,有效地减少了贸易中间环节和商品流转成本,节省的中间环节成本为企业获利能力提升及消费者获得实惠提供了可能;传统外贸流程复杂、步骤多、周期长。

跨境电商与传统外贸的不同,见表 1.1.3。

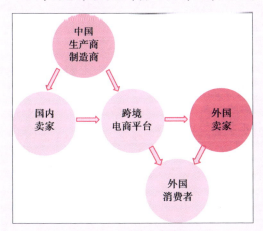

图 1.1.5 跨境电商流程   图 1.1.6 传统外贸流程图

表 1.1.3 跨境电商与传统外贸的不同

区　别	跨境电商	传统外贸
运作模式	借助互联网电商平台	基于商务合同的运作模式
订单类型	小批量、多批次、订单分散	大批量、少批次、订单集中
交易环节	简单	复杂
运输方式	借助第三方物流企业,一般以航空小包的形式完成,物流因素对交易主体影响明显	多通过海运和空运,运输方式因素对交易主体影响不明显
通关和结汇	通关快速,易受政策变动影响,无法享受退税和结汇政策	海关监管规范,可以享受正常的通关、结汇和退税政策
争议处理	争议处理不畅,效率低	健全的争议处理机制

2. 跨境电商与国内电商的区别

跨境电商与国内电商的区别，见表 1.1.4。

表 1.1.4　跨境电商与国内电商的区别

区　别	跨境电商	国内电商
交易关境不同	不同国家或地区	在国内进行交易
交易人群语言不同	以英语为主	中文
交易货币不同	以美元为主	人民币
物流方式及费用不同	采用海运、快递、小包类物流方式，成本高	多采用快递，成本低廉

　　跨境电商相比于国内电商，还是有很大区别的，除了上面提到的，各国法律法规也有不同，在做跨境电商前，了解这些信息是很有必要的。

🔍 **查一查**

对比跨境电商与传统外贸交易对象。

第 1 步：选用合适的搜索引擎（如 Baidu 等）或其他检索工具查找跨境电商的交易方式和传统外贸方式所交易的主要商品品类有哪些？

第 2 步：4 ～ 5 人一组，分享各自所查资料进行汇总和整理，形成小组最终结果。

第 3 步：选择代表进行分享。

✏️ **做一做**

绘出跨境电商及国内电商详细交易流程。

第 1 步：选用合适的搜索引擎（如 Baidu 等）或其他检索工具查找跨境电商和国内电商的交易流程。

第 2 步：4 ～ 5 人一组，分享各自所查资料进行汇总和整理，形成小组最终结果。

第 3 步：选择代表进行分享。

※ **活动评价** ※

　　陈帅他们通过对跨境电商的流程、跨境电商与传统外贸的不同、跨境电商与国内电商的区别这三个方面进一步了解、对比后，他们对跨境电商、传统外贸、国内电商的情况更了解了，兴趣越来越浓，也越来越有信心了。

活动 3　知晓跨境电商的前景

活动背景

陈帅他们了解到，随着"互联网+"时代的来临，跨境电商已经站到了资本市场的风口上。跨境电商是一种新型贸易方式和新兴业态，具有广阔的市场空间和良好的发展前景。然而作为一个新生事物能不能长久平稳地发展，政策的支持、制度的完善、市场的认可等一系列条件显得尤为重要。只有了解跨境电商的前世今生，才能更好地找到发展的道路。

活动实施

□ 知识窗

1. 国内跨境电商市场现状

2020 年我国 GDP 首次突破 100 万亿元大关，中国跨境电商市场交易总额逐年平稳增长；2020 年中国跨境电商以出口占主导，出口的占比接近七成，跨境出口 B2C 电商在北美市场的成交额达 4 573 亿元，同比增速超过 35%。跨境电商发展现状如图 1.1.7 所示。

2. 国家对跨境电商的政策支持

我国对跨境电商行业的政策支持使得跨境电商获得了巨大的发展机遇，见表 1.1.5。

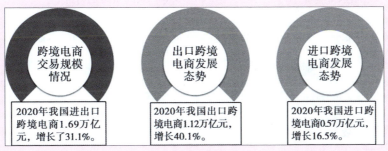

图 1.1.7　跨境电商发展现状

表 1.1.5　中国跨境电商的探索历程

时　间	政策内容
2012 年 12 月	国家跨境贸易电子商务服务试点工作启动，首次设立跨境电商服务试点城市。
2014 年 1 月	海关总署《关于增列海关监管方式代码的公告》增设"跨境电子商务—9610"代码。
2015 年 3 月	首次设立中国（杭州）跨境电子商务综合试验区。
2016 年 3 月	推广增加跨境电子商务综合试验区至 12 个。
2018 年 7 月	国务院同意在北京、呼和浩特等 22 个城市设立跨境电子商务综合试验区。
2018 年 8 月	第十三届全国人大常委会第五次会议通过了《中华人民共和国电子商务法》，于 2019 年 1 月 1 日正式实施，这是我国电商领域首部综合性法律。
2019 年 12 月	国务院同意在石家庄等 24 个城市设立跨境电子商务综合试验区。

续表

时　间	政策内容
2020 年 5 月	国务院同意在雄安新区等 46 个城市和地区设立跨境电子商务综合试验区。
2020 年 7 月	开展跨境电子商务企业对企业出口监管试点，增设跨境电商 B2B 出口试点 9710、9810。
2020 年 8 月	增加上海等 12 个直属海关开展跨境电商 B2B 监管试点。
2021 年 7 月	国务院办公厅印发《关于加快发展外贸新业态新模式的意见》，明确提出扎实推进跨境电商综试区建设。

2019 年，中国首部电子商务领域的综合性法律《中华人民共和国电子商务法》正式生效，跨境电商低门槛时期彻底过去，进入了规范化、规模化的高速发展轨道。

电子商务法
简介

3. 跨境电商面临的挑战

跨境电商面临的挑战，如图 1.1.8 所示。

资金安全	信息安全
跨境电商资金往来，一般需要借助第三方机构，这就大大增加了信息泄漏的风险，一些违法交易很难甄别禁止，给了违法分子可乘之机。	跨境电商以互联网来进行交易，买家和卖家的身份信息通过网络登记，双方没有直接接触，双方的真实身份没有直接而有力的证据来判断。

跨境物流	人才短缺
跨境电商业务经营的商品，一般要跨越至少两个国家或地区，要协调相关企业，跨境物流的对接成了一个大问题。	跨境电商发展急需大量专业跨境人才，怎样培养人才、留住人才成为了制约跨境电商发展的重要因素。

图 1.1.8　跨境电商面临的挑战

4. 跨境电商的发展趋势

跨境电商的发展趋势，见表 1.1.6。

表 1.1.6　跨境电商的发展趋势

发展趋势	具体内容
宏观环境利好	随着物流配送便捷度和速度提升、信息获取和交流更加方便、人们消费观念转变和各项利好政策出台，目前中国整体宏观环境均在推动着跨境电商行业正向发展。
竞争激烈	跨境电商良好的发展前景一直是企业关注的重点，未来进入市场的优秀玩家仍将继续争夺，头部平台的整合带来的竞争优势为其他企业带来巨大竞争压力，也使各平台开始加速在该领域的布局，行业竞争的激烈程度仍将进一步提升。

⚲查一查

跨境电商的发展前景。

第 1 步:选用合适的搜索引擎(如 Baidu 等)或其他检索工具查找"跨境电商未来发展前景"。

第 2 步:4 ~ 5 人一组,分享各自所查资料进行汇总和整理,形成小组最终结果。

第 3 步:选择代表进行分享。

◎填一填◎

通过登录"中华人民共和国商务部""中华人民共和国中央人民政府"等政府网站,查询并梳理近年来国家对跨境电商发展给予的支持性政策,填写表 1.1.7。

表 1.1.7　国家对跨境电商发展给予的支持性政策

序号	时　间	政策内容
1		
2		
3		
4		

※ 活动评价 ※

陈帅完成相关活动后发现,我国跨境电商处于大好发展的状态,还得到国家的大力支持,他决定在这个行业深入学习并好好研究,为自己以后就业积累经验、知识。

合作实训

学生以小组为单位,借助互联网查找相关跨境电商企业,并对 3 家企业进行调查,了解企业主营产品、入驻平台,讨论对跨境电商行业前景的看法以及面临的困难,并完成表 1.1.8。

表 1.1.8　跨境电商企业调查表

企业名称	入驻平台	经营类目	企业对跨境电商行业前景的看法	企业面临的困难

任务2 >>>>>>>>>>
认识主流跨境电商平台

情境设计

　　"工欲善其事，必先利其器"，全球多个国家已开展跨境电商活动，并逐渐成为主流购物方式。SUNNY 外贸公司作为童鞋卖家，如何选择一个合适的平台是非常重要的。企业导师让陈帅通过对主流跨境电商平台多方面的对比分析后，找出适合 SUNNY 外贸公司的平台来开展跨境电商活动。

任务分解

企业导师让陈帅对主流跨境电商平台进行分析，并将任务分解为以下 3 个活动：

①认识亚马逊平台；

②认识速卖通平台；

③认识 Wish 平台。

活动 1 认识亚马逊平台

活动背景

> 陈帅在网上查看平台信息的时候发现，2020 年亚马逊销售额增长了 40%，是美国最大的一家网络电子商务公司，一开始只经营书籍销售业务，目前已成为全球商品种类最多的网上零售商。这究竟是一个怎样的平台呢，带着这个疑问，陈帅开始了下面的活动。

活动实施

📖 知识窗

亚马逊公司成立于 1995 年 7 月，总部位于美国西雅图，是美国最大的一家网络电子商务公司，一开始只经营书籍销售业务，目前已成为全球商品种类最多的网上零售商。

亚马逊目前旗下的网站除美国外，还有澳大利亚、新西兰、巴西、加拿大、中国、法国、德国、印度、墨西哥、意大利、日本、英国、西班牙和挪威。

目前，亚马逊平台主要有以下基础规则，见表 1.2.1。

表 1.2.1 亚马逊基础规则

亚马逊基础规则	内 容
Listing 页面规则	亚马逊是一个重产品轻店铺的平台，产品的展示非常重要，Listing 展现页面要尽可能完善，给客户呈现的商品信息要完整，这样客户下单的概率会上升很多。
账号管理规则	注册难度比较大，需要准备：营业执照、法人身份证、双币信用卡等资料，并且亚马逊平台注册时有一定的失败概率，一旦注册失败，这一整套资料都不能再次用来注册。
知识产权保护制度	亚马逊平台对品牌侵权的保护比较完善，品牌商品提交过品牌审核，如果出现被侵权系统会很快地处理，以保证卖家的权益。
收款支付制度	注重卖家的资金安全，提升资金的运转周期，亚马逊平台大概在 14 个自然日做一次资金流转，极大地保护了卖家资金的安全。
物流服务制度	亚马逊在全世界有着超过 120 个的运营中心，卖家可以提前将商品存在亚马逊的仓库中，当客户下单的时候亚马逊仓库会自动发货，这就是我们说的 FBA 模式。

做一做

查看亚马逊平台入口并浏览页面。

陈帅通过搜索引擎,访问亚马逊首页如图 1.2.1 所示。

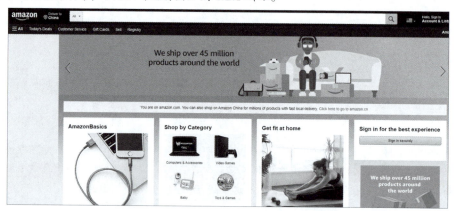

图 1.2.1　亚马逊首页

◎填一填◎

通过网络查找,填写表 1.2.2 亚马逊平台的优劣势。

表 1.2.2　亚马逊平台的优劣势

平台优势	
平台劣势	

※ 活动评价 ※

陈帅通过网络资料搜查,了解到亚马逊平台是目前全球最大的跨境电商平台,客户量多,流量大。陈帅还通过网络搜索了解了亚马逊平台的优劣势和亚马逊平台的基本规则,对亚马逊平台有了比较全面的认识,对于选择合适的平台开展工作有了方向。

活动 2　认识速卖通平台

活动背景

速卖通是阿里系的平台之一,整个页面布局与淘宝类似,国内卖家较易上手。因此成为国内电商卖家转型的首选,但是对于 SUNNY 外贸公司,速卖通是不是一个好的选择呢?陈帅决定了解了解。

活动实施

知识窗

1. 速卖通适销产品

速卖通平台销售的商品基本符合下面的条件,如图 1.2.2 所示。

图 1.2.2　适合速卖通平台销售商品特征

根据以上条件,适宜在全球速卖通销售的商品主要包括服装服饰、美容健康、珠宝手表、灯具、消费电子、电脑网络、手机通信、家居、汽车摩托车配件、首饰、工艺品、体育与户外用品等。

2. 平台规则

速卖通的基础规则,见表 1.2.3。

表 1.2.3　速卖通基础规则

速卖通基础规则	内　容
平台交易规则	平台交易规则是速卖通极为看重的一个部分,速卖通严格禁止任何违反规定的利润,这意味着它不允许侵犯其他卖家的财产权和合法权利。
知识产权保护规则	知识产权规则保护的是所有卖家知识产权,限制卖家销售任何未经授权的产品,因此 AliExpress 将惩罚侵犯了任何第三方知识产权的卖家。
虚假销售和商店信用规则	AliExpress 严格禁止销售人员通过不正当的操作增加商店的信用和销售。
没有具体的联系方式	根据速卖通的条款和规则,不能在描述或图片上留下任何联系方式,卖家也不能在速卖通的网页上留下包括网址在内的任何链接。卖家可以在信息中心或阿里旺旺留下联系方式,以便与买家沟通。

更多规则也可以查看速卖通后台重要规则页面,如图 1.2.3 所示。

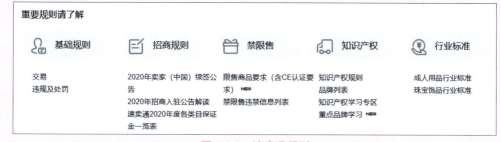

图 1.2.3　速卖通规则

📎 做一做

查看速卖通平台入口并浏览页面。

通过搜索引擎，输入速卖通网址，访问速卖通首页，如图 1.2.4 所示。

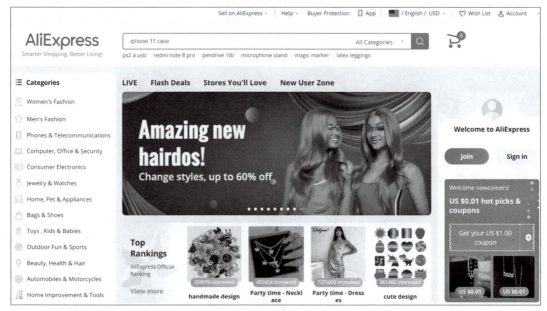

图 1.2.4　速卖通首页

◎填一填◎

通过网络查找，填写表 1.2.4 速卖通平台的优劣势。

表 1.2.4　速卖通平台的优劣势

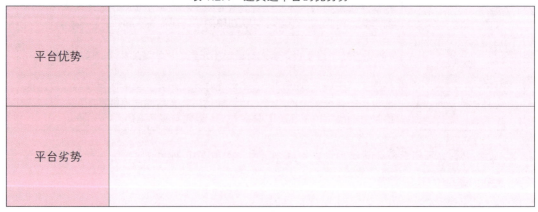

平台优势	
平台劣势	

※ 活动评价 ※

通过对速卖通的了解分析，陈帅认为速卖通平台是很成熟的一个平台，同时由于速卖通平台界面与淘宝类似，对于国内淘宝卖家入驻有很大的便利。但该平台运营费用高，商品售价低，利润空间有限。

活动 3　认识 Wish 平台

活动背景

随着手机购物的兴起，全球越来越多的消费者不用去实体店铺，也不用坐在电脑前"淘货"，一部手机就能完成"逛店"、选购和支付的全过程。特别是发达国家，手机购物发展速度更快，在日本、韩国 90% 的手机用户都已经习惯在手机上消费，相比传统的互联网购物，手机购物更加便捷、私密、互动性强，深受城市年轻人喜爱。

Wish 作为一个主要针对年轻群体设计的 App 移动端购物平台，买家在 Wish 端浏览和购物，平台会推送给消费者之前购买过、浏览过的商品，这种智能推荐是互联网人工智能的应用。陈帅和他的同学准备继续探索 Wish 平台。

活动实施

📖 知识窗

1. Wish 平台主要销售类目

Wish 是全品类的平台，目前平台上大部分都是中国卖家，热销类目有：时尚服饰类、家居产品、配饰、美妆个护、鞋包、手表、3C 电子、户外运动、母婴和汽配等。整体上以轻小件的商品居多一些，大部分以国内直发为主。

2. Wish 平台基础规则

Wish 平台基础规则，见表 1.2.5。

表 1.2.5　Wish 平台基础规则

Wish 基础规则	内　容
注册	① Wish 注册时需要提供真实无误的信息，虚假信息会导致账户冻结； ② 每个企业只允许注册一个 Wish 账户，关联账户会面临封店的风险。
产品	不能在 Wish 上销售的商品有： ① 销售者无版权或未被授权的产品； ② 服务类项目：任何不能生产新的、有形的、实际物品的服务项目； ③ 虚拟商品及数码产品：无形产品或虚拟电子产品； ④ 实体或电子的礼品卡、仿品、酒精、烟草及包含电子烟在内的可抽吸产品、打火机、危险化学品、毒品、带有毒品成分的产品、吸毒工具、淫秽作品等。
产品促销	① Wish 产品促销是不定时的，有可能会随时地促销某款黄钻产品； ② Wish 会对商品的库存、定价进行核查，如果不准确就有违规行为； ③ Wish 规定卖家不能在进行促销前对商品价格、运费进行提价。
推送	① 商品的标题、图片、标签以及价格都严谨审核； ② 标题描述一定要简洁，商品图片需要清晰、美观。
客户服务	① 需要卖家严格把控产品质量，避免交货延迟等情况的发生； ② 做好售后服务工作，定时与买家进行沟通，以增加客户的回购率。

跨境电子商务实务

做一做

查看 Wish 平台入口并浏览页面。

通过手机应用商场下载 Wish App 登录 Wish，手机端页面如图 1.2.5 所示。

图 1.2.5　Wish 手机端

◎填一填◎

通过网络查找，填写表 1.2.6 中 Wish 平台的优劣势。

表 1.2.6　Wish 平台的优劣势

平台优势	
平台劣势	

🖋 做一做

调查三大主流跨境电商平台的主要销售市场、物流特点、平台特点、费用、优劣势，并为SUNNY外贸公司选择合适的跨境电商平台。

第1步：通过查找资料及小组合作填写表1.2.7～表1.2.9。

第2步：4～5人一组，分享各自所查资料并对资料进行汇总、整理，小组内进行讨论并选出适合SUNNY外贸公司产品销售适合的平台。

第3步：选择代表进行分享，阐述小组选择某平台的理由。

表1.2.7　三大跨境电商平台主要销售市场和物流的特点

平　台	主要销售市场	物流特点
亚马逊		
速卖通		
Wish		

表1.2.8　三大跨境电商平台优劣势的对比

平　台	优　势	劣　势
亚马逊		
速卖通		
Wish		

表 1.2.9　三大跨境电商平台的特点和费用

平　台	平台特点	平台费用
亚马逊		
速卖通		
Wish		

※ 活动评价 ※

陈帅和同学们通过对三大跨境电商平台的主要销售市场、特点、优势、劣势、费用等的学习和对比后,最终选择了亚马逊跨境电商平台。亚马逊是全球最大的全品类电商购物平台,流量优势巨大,2020 年亚马逊销售额增长了 40%,占了全球电商一大半的销售额。亚马逊主要针对欧美中高端市场、产品利润较高、拥有自营的 FBA 物流中心,这符合 SUNNY 外贸公司经营目标和实际情况。

拓展阅读: 认识 Shope 平台

合作实训

以小组为单位,选定一款产品,为该商品选择合适的跨境电商平台,并阐述理由。

项目总结

通过企业导师的指引,陈帅和他的同学们作为新时代的青年,青年兴则国家兴,青年强则国家强。在百花齐放的跨境电商浪潮中,他们从跨境电商的特点和发展历程、跨境电商与传统外贸及国内电商的区别、跨境电商的前景这三方面了解了跨境电商,专业知识得到了很大的提升。他们觉得跨境电商行业发展迅猛,前景一片大好。陈帅他们在学习和实践中一步步成长起来。

项目检测

1.单项选择题(每题只有一个正确答案,请将正确的答案填在括号中)

(1)从 1999 年至今,我国跨境电商共经历了(　　)个发展阶段。

A.一　　　　　　B.二　　　　　　C.三　　　　　　D.四

(2)以下能够代表跨境移动端购物平台的是（　　　）。

A. Amazon　　　　　　B. 速卖通　　　　　　C. Wish　　　　　　D. eBay

(3)（　　　）年我国 GDP 首次突破 100 万亿元大关,中国进口跨境电商市场交易规模总额逐年平稳增长。

A. 1998　　　　　　B. 1999　　　　　　C. 2020　　　　　　D. 2021

(4)以下哪个城市属于综合试验区第一批(2015)名单?（　　　）

A. 上海　　　　　　B. 广州　　　　　　C. 杭州　　　　　　D. 北京

(5)2019 年,中国首部电子商务领域的综合性法律（　　　）正式生效,跨境电商低门槛时期彻底过去,进入了规范化、规模化的高速发展轨道。

A.《电子商务法》　　　　　　　　　　B.《跨境电子商务法》

C.《国内电子商务法》　　　　　　　　D.《电子商务运营法》

2. 多项选择题(每题有两个或两个以上的正确答案,请将正确的答案填在括号中)

(1)当前主流的跨境电商模式主要有（　　　）。

A. B2B（Business To Business）　　　B. B2C（Business To Customer）

C. O2O（Online To Offline）　　　D. C2C（Customer To Customer）

(2)进口跨境电商平台有（　　　）。

A. 天猫国际　　　　B. 京东全球购　　　C. 网易考拉海购　　D. 速卖通

(3)我国跨境电商的发展阶段有哪些?（　　　）

A. 成长期　　　　　　B. 发展期　　　　　　C. 起步期　　　　　　D. 成熟期

(4)在跨境电商与传统外贸的不同点中,跨境电商（　　　）。

A. 简单

B. 复杂

C. 通关缓慢或有一定限制,易受政策变动影响,无法享受退税和结汇政策

D. 多通过海运和空运,运输方式因素对交易主体影响不明显

(5)以下关于亚马逊,说法正确的有（　　　）。

A. 亚马逊公司成立于 1995 年 7 月,总部位于美国西雅图

B. 亚马逊是跨境电商的鼻祖

C. 亚马逊没有自己的物流

D. 亚马逊平台:重产品,轻店铺;重展示,轻客服;重推荐,轻广告;重客户,
　 轻卖家

3. 判断题(正确的画"√",错误的画"×")

(1)亚马逊注册难度比较大,需要准备:营业执照、法人身份证、双币信用卡等这些资料。

（　　　）

(2)跨境电商缩短了对外贸易的中间环节,提升了进出口贸易的效率,为小微企业提供了新的机会。　　　　　　　　　　　　　　　　　　　　　　　　　　　　　（　　　）

(3)B2B 也可写成 BTB,是 Business-To-Business 的缩写,其中文简称为"商对客"或是"企业对个人"。　　　　　　　　　　　　　　　　　　　　　　　　　　　（　　　）

(4)亚马逊公司(Amazon),是美国最大的一家 B2C 网络电子商务公司,位于华盛顿州的西雅图,是网络上最早开始经营电子商务的公司之一。　　　　　　　　(　　)

(5)Wish 是一个根据用户喜好推荐商品的 B2B 跨境电商平台。　　　　　　(　　)

4. 简述题

(1)跨境电商有哪些特征?

(2)主流跨境电商平台有哪些?

5. 趣味挑战题

收集跨境平台,并把它们写到对应的项目的模式里,看看谁写得又多又准。

B2B	
B2C	
C2C	

项目 2
认识亚马逊

【项目综述】

　　亚马逊是全球商品品种最多的网上零售商和全球最大的互联网企业，也是全球第一的 B2C 电子商务平台。近几年，亚马逊在中国市场发展迅速，不少中国卖家也纷纷入驻亚马逊开展海外贸易，并取得了不错的成绩。随着亚马逊的不断发展，中国卖家将会获得更大的发展空间。陈帅他们通过对三大主流电商平台进行调查与对比，认为亚马逊平台主要针对欧美中高端市场、产品利润较高、拥有自营的 FBA 物流中心，非常适合 SUNNY 外贸公司入驻，企业导师认同陈帅他们的想法，决定带领团队入驻亚马逊平台。企业想要入驻亚马逊平台就必须了解亚马逊账号的类型和申请，学会规避账号风险，掌握亚马逊的收款方式，熟悉亚马逊平台的基本布局，因此，陈帅他们需要针对这些问题展开学习。

【项目目标】

　　通过本项目的学习，应达到的具体目标如下：

知识目标

◇了解亚马逊平台账户注册的方式

◇掌握亚马逊平台自注册、全球开店需要提供的资料

◇学会区分亚马逊平台账户的类型

◇了解和规避账号关联风险和侵权风险

◇了解亚马逊的收款方式

◇熟悉亚马逊的前后台布局

◇明白亚马逊黄金购物车的意义

技能目标

◇熟悉亚马逊平台账户注册的方式以及平台自注册、全球开店需要提供的资料

◇熟悉亚马逊平台注册收费以及收费方式

◇熟悉规避账号关联风险和侵权风险的操作

素质目标

◇提高自身的沟通交流和合作能力，形成相互交流、相互促进的学习氛围

◇提高自身工作态度的细致性和严谨性，提高风险的把控能力

◇培养自主探究和严谨分析的习惯

◇探索学生爱国精神

【项目思维导图】

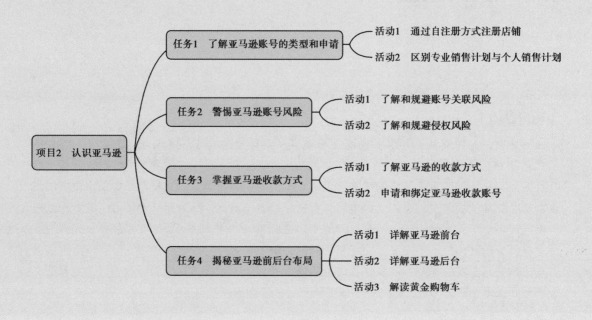

任务1 》》》》》》》
了解亚马逊账号的类型和申请

情境设计

陈帅和同学们对跨境电商行业有了初步的了解，在同学们自己的努力学习和老师们的指导下，陈帅他们决定将 SUNNY 外贸公司的童鞋产品在亚马逊平台上进行售卖。企业导师决定接下来让他们对三大主流跨境电商平台之一的亚马逊平台进行更进一步地了解和学习。在这个环节中，陈帅他们需要了解亚马逊平台的注册方式、账号类型、平台注册收费等。企业导师替陈帅他们准备了注册所需要的资料，接下来，陈帅他们准备在企业导师的指导下揭开亚马逊平台的面纱。

任务分解

为了让陈帅他们更好地完成任务,企业导师将该任务分为以下两个部分:

①掌握通过自注册方式注册店的操作流程;

②了解亚马逊账号类型,比较各账号类型的区别。

活动 1　通过自注册方式注册店铺

活动背景

> 注册账号是陈帅他们进入亚马逊的第一步。了解到亚马逊注册有自注册和全球开店两种方式,注册流程上大同小异,但自注册店铺和全球开店注册店铺的操作流程、所需的资料均有所不同。企业导师觉得自注册更适合陈帅他们操作,于是指导同学们展开了自注册店铺的探究。

活动实施

▢ 知识窗

自注册开店需要准备的材料

以北美站点为例,SUNNY 外贸公司在亚马逊注册开店需要准备以下资料:

①双币信用卡(建议用 VISA 或万事达双币信用卡);

②独立电脑、网络、邮箱及手机号(没有登录过亚马逊卖家账号,也没有登录过买家账号;网络、邮箱、手机号建议都填写法人的,并且专号专线专用,不要与 eBay 等其他渠道混用);

③企业营业执照扫描件(中国内地公司或者中国香港地区公司都可以);

④企业法人护照或身份证 + 户口单页扫描件;

⑤企业最近三个月账单(银行账单、通信账单、水电煤气账单等,需要有企业名称及地址)。

亚马逊店铺
注册资料要求

1. 创建账号

登录亚马逊美国站官网,在网页最底部点击 "Sell on Amazon—Start a Selling Account",然后开始创建账户,填写法定代表人姓名、邮箱,并设置密码,如图 2.1.1、图 2.1.2 所示。

图 2.1.1　Sell on Amazon

图 2.1.2　创建账号

2. 验证邮箱

完成上一步骤后,邮箱很快就收到了一封来自亚马逊的邮件,里边包含6位数字的验证码。按要求填写验证码,完成邮箱验证。

3. 输入公司名称并确认卖家协议

填写公司法定名称 + 法人名称,中间用符号"-"连接,如图 2.1.3 所示。

图 2.1.3　填写公司名称和确认卖家协议

4. 填写公司信息

这一步需要输入公司的相关信息,如图 2.1.4 所示。建议用拼音或者英语填写。

图 2.1.4　填写公司信息

5. 设置付款方式（付款信用卡）及存款方式（收款账户）

第 1 步：在付款方式页面里，需要填写信用卡的相关信息，如图 2.1.5 所示。

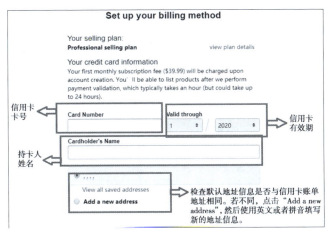

图 2.1.5　设置付款信息

第 2 步：填写好付款信用卡信息后，接下来填写用于收款的账户信息，如图 2.1.6 所示。

图 2.1.6　设置收款信息

6. 填写纳税信息（见图 2.1.7 ～ 图 2.1.9）

图 2.1.7　填写纳税信息页面一

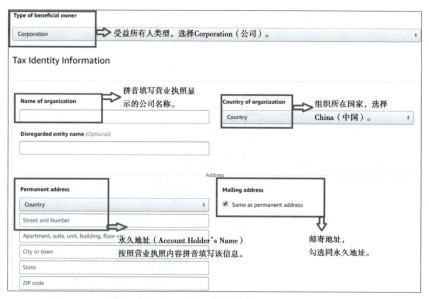

图 2.1.8　填写纳税信息页面二

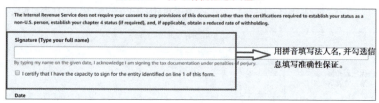

图 2.1.9　填写纳税信息页面三

7. 提交

填写相关纳税信息后，预览 W-8BEN 内容并点击 "Submit Form" 按钮提交表格，如图 2.1.10 所示。

图 2.1.10　提交纳税信息表格

8. 填写产品信息（见图 2.1.11）

图 2.1.11　填写产品信息

这一步亚马逊会列举一些问题请卖家回答，借此了解卖家的产品性质和开始销售时计划的数量。基于这些信息，亚马逊会向卖家推荐合适的相关工具和信息。此步骤可以跳过，待账户注册成功后可以在卖家平台继续完善。

9.身份验证

进行身份验证。注意，卖家身份验证环节完成后，才算注册完成。

第1步：选择公司所在国家及卖家类型，如图 2.1.12 所示。

图 2.1.12　选择公司所在国家及卖家类型

第2步：填写法定代表人及公司信息，如图 2.1.13 所示。

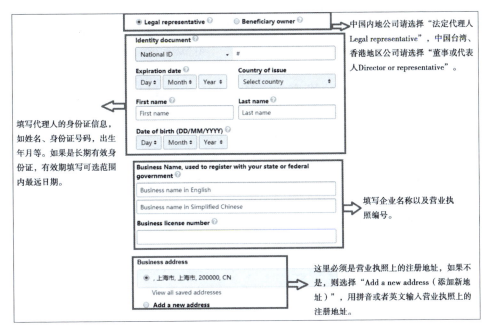

图 2.1.13　填写法定代表人及公司信息

第3步：上传相关证明文件，如图 2.1.14 所示。因为企业及法人的信息前面都已经填过了，这里只需要上传法人身份证的正反面及公司营业执照的图片即可。

等照片上传成功后点击最下方的"Submit（提交）"按钮，卖家在两个工作日后使用注册邮箱、密码登录亚马逊卖家后台，即可看到身份验证的结果。

Identity data	**National ID #:** 110008197511177579 Expiration date : 31 Dec 2099 Country of issue :China
Identity document	Upload front side Upload back side Upload the back side even if it's blank
Business address	. , 上海市, 上海市 200000 CN
Business name	bei jing dong hai heng xu sheng mao you xian gong si (远洋东海恒旭贸易有限公司)
Business license number	91120225521298615E
Business document	Upload Business license

分别上传身份证正反面（国徽面为正面，姓名面为背面），彩色扫描件清晰可辨，不缺边缺角，不接受黑白复印件，不接受屏幕截图。

上传营业执照，彩色扫描件清晰可辨，不缺边缺角，不接受黑白复印件，不接受屏幕截图。
备注：若是中国香港公司的卖家，同时提供商业条例以及公司注册证书，并将两份资质合成一份文件并上传。

图 2.1.14　上传身份验证证明文件

※ 活动评价 ※

陈帅他们在企业导师的带领下，通过网络收集资料，熟知了自注册要准备的材料，并通过实践掌握了店铺自注册的操作流程。店铺注册工作需要工作人员严谨细致地去对待，稍有差错都将会影响店铺的注册，导致再次审核，严重的将会导致店铺注册失败。

活动2　区别专业销售计划与个人销售计划

活动背景

> 陈帅和他的同学们在企业导师的带领下通过自注册方式成功进驻了亚马逊平台，然而他们却在选择账号类型时犯了难。亚马逊平台账号分为两个类型：个人销售计划（个人卖家）和专业销售计划（专业卖家），两个计划下卖家的权限、收费等有一定区别。陈帅他们在企业导师的带领下展开了销售计划的探究。

活动实施

▢ 知识窗

1. 个人卖家和专业卖家的相同点

个人卖家账户和专业卖家账户的权限是相同的,比如流量、商品上架数量、商品审核要求等。

● 注册主体:个人/公司均可注册个人销售计划或者专业销售计划卖家。

● 销售佣金:卖家为每件所售商品支付销售佣金。亚马逊将根据不同品类的商品,收取不同比例的佣金,通常是 8% ～ 15%。

2.个人卖家和专业卖家的不同点（见表 2.1.1）

表 2.1.1　个人销售计划和专业销售计划的区别

账号类型	个人销售计划 Individual	专业销售计划 Professional
注册主体	个人 / 公司	个人 / 公司
月租金	免费	39.99 美元 / 月
按件收费	0.99 美元 / 件	免费
销售佣金	根据不同品类，亚马逊收取不同比例的佣金，一般为 8% ～ 15%	
功能区别	单一上传，无数据报告	单一 / 批量上传，可下载数据报告
创建促销计划	不能	能
特色卖家权限	无法争取	可通过好的店铺表现争取到
黄金购物车功能	不具备	可通过好的店铺表现争取到

✎ **做一做**

假设陈帅他们准备把个人卖家升级为专业卖家，探索其可行性及操作步骤。

第1步：4 ～ 5 人一组，以小组为单位，查找搜寻相关资料。

第2步：小组内部汇总、分享资料，并进行讨论，形成统一结论。

第3步：小组成员派代表阐述小组结论，并详细分享操作步骤。

※ **活动评价** ※

陈帅他们在企业导师的带领下，熟知了个人销售计划和专业销售计划的区别，觉得个人销售计划更适合销售量较少的个人 / 企业卖家去开通。如果他们公司想建立自己的业务，并通过在亚马逊上销售获得稳定的收入，那么加入亚马逊专业卖家计划是一个更明智的选择。

合作实训

随着亚马逊平台的趋势越来越好，A 公司也准备加入亚马逊平台，他们的注册资料如图 2.1.15—图 2.1.18 所示。

图 2.1.15　身份证反面

图 2.1.16　身份证正面

图 2.1.17　银行卡

图 2.1.18　营业执照

请你帮他们提炼出注册所需的信息，完成表 2.1.2。

表 2.1.2　信息提炼表

营业执照信息		
公司名称	中文	
	英文	
经营地址	中文	
	英文	
法人代表	中文	
	英文	
经营范围	中文	
	英文	
营业期限	中文	
	英文	
法人身份信息		
身份证号码		
证件有效期	中文	
	英文	

续表

出生日期	中文	
	英文	
住址	中文	
	英文	
银行卡卡号		
银行卡有效期	中文	
	英文	
发卡行	中文	
	英文	

任务2 〉〉〉〉〉〉〉
警惕亚马逊账号风险

情境设计

陈帅他们在企业导师的带领下成功注册亚马逊账号，清楚了解了亚马逊的账号类型。正当他们摩拳擦掌，准备在亚马逊平台上大展拳脚的时候，在外贸圈子中了解到亚马逊最近封了大批卖家的账号，资金被冻结，账号无法操作。企业导师赶紧让陈帅他们停止操作账号，先去了解账号被封的原因，避免经营中出现账号风险。

任务分解

企业导师在外贸圈中了解到，本次大批卖家被封账号的原因有很多，但是归结起来主要有两方面：一是亚马逊账号关联而导致的店铺被封；二是卖家在经营过程中不注重知识产权的布局，因知识产权侵权导致店铺被封。为了让陈帅他们更好地完成任务，企业导师将该任务分为以下两个活动：

①了解和规避账号关联风险；

②了解和规避侵权风险。

活动1　了解和规避账号关联风险

活动背景

电商平台为了避免同一卖家多账号操作扰乱平台的运营秩序,都会在一定程度上限制同一卖家账号的数量,亚马逊也是如此。企业导师了解到本次大批卖家账号被封的重要原因之一是:同一卖家操作多个账号,被系统识别为账号关联而封店。于是,陈帅他们在企业导师的带领下展开了账号关联的探究。

活动实施

🔲 知识窗

1. 亚马逊账号关联的原因

亚马逊平台规定相同的身份信息只能在亚马逊上注册一个卖家账户,不允许同一卖家操作或维护多个卖家账户。在亚马逊系统中,如果亚马逊程序算法认为多个账户是由同一个人操作的,那么这些账户将被识别为亚马逊相互关联。关联账号本身没有大的问题,账号的关联并不意味着账号马上受到限制等,但是如果任一个关联账号发生问题并受到限制,则另一账号有可能被连累。因此,对于多账号卖家来说,避免账号关联能降低经营风险。

2. 系统检测账号关联的因素

在亚马逊账号中导致关联的因素很多,主要归结起来有以下几方面,如图2.2.1所示。

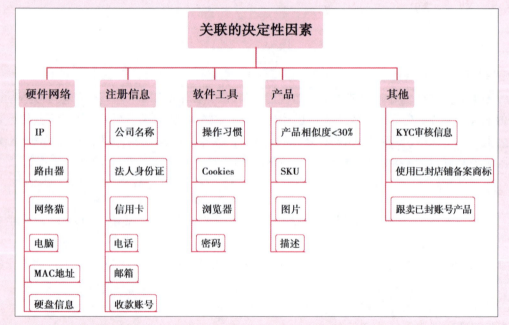

图 2.2.1　账号关联的决定性因素

3. 卖家防关联做法

(1)首先在注册多个账号的过程中,尽可能地使用新邮箱、新企业、新法人、新电脑、新系统、新浏览器、新路由器、新网线、新电话号码、新地址、新信用卡、新收款账号和新产品，尽可能地以物理绝缘的方式来避免被亚马逊系统抓取到彼此账号之间的相似因素，如图 2.2.2 所示。

（2）在资金、场地有限的情况下，但因发展需要，当公司注册多个账号进行销售时，可以通过 VPS 虚拟机和超级浏览器的方式在平时运营过程中防关联。

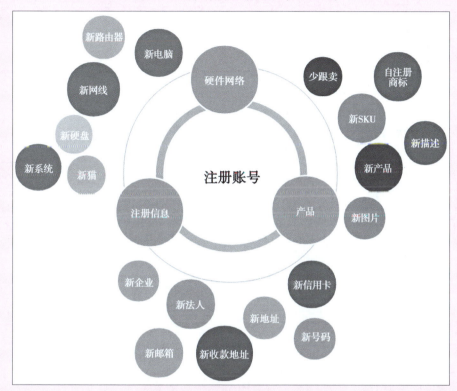

图 2.2.2　卖家防关联账号注册要点

🔍查一查

搜集亚马逊平台比较典型的、有代表性的账号关联案例。

第 1 步：选用合适的搜索引擎（如 baidu 等）或其他检索工具查找亚马逊平台比较典型、代表性的账号关联案例。

第 2 步：4 ~ 5 人一组，分享各自所查资料并对资料进行汇总和整理，填写表 2.2.1。

表 2.2.1　典型亚马逊平台账号关联案例的分析表

店铺名称	账号关联原因	所造成的损失	事后有无补救措施	其他值得备注的

续表

店铺名称	账号关联原因	所造成的损失	事后有无补救措施	其他值得备注的

第3步：小组选择代表进行展示。

第4步：所有小组看完每个小组代表的展示后，组员之间互相评论，每组完成一份典型亚马逊平台账号关联案例分析评价表（见表2.2.2）。

表2.2.2　亚马逊平台账号关联案例的分析评价表

评价项目	展示部分（50%）	内容部分（50%）	总分／分
评价标准	A. 大方得体、流畅、台风好 B. 比较流畅，清晰表达，台风一般 C. 表述不太流畅，台风很一般	A. 内容详细、准确，分析得当 B. 内容较好，分析一般 C. 内容粗糙，完成任务	100分
组1			
组2			
组3			

说明：①表格内按百分制打分。

②每个小组完成一份评价表，对其他组进行评价，不做自评要求。

③各标准对应的分数范围：A.80～90分；B.60～79分；C.60分以下。

?? 想一想

亚马逊防关联是运营中一个非常重要的知识点，请同学们思考回答以下常见关联问题。

①某电脑之前注册过亚马逊店铺，但是店铺被亚马逊封店，此电脑如何清理然后重新做新账号？

②我是学生，住在宿舍，用的是学校网络，会有影响吗？

③美国站和英国站在同一台电脑和IP地址下登录会关联吗？

④公司法人注册了一个账号，然后公司股东再注册另一个账号，是否会关联？

⑤关联只针对卖家账号与卖家账号之间吗？

※ 活动评价 ※

陈帅他们在企业导师的带领下，了解了亚马逊关联的原因及后果，清楚了会引起关联的因素，学会了规避关联的做法。防关联是运营亚马逊平台从始至终都需关注的问题，因为关联了被封店铺会导致正常运行的店铺出问题的案例不计其数，此次的外贸圈中大批卖家被封店给SUNNY外贸公司敲响了警钟，陈帅和他的同学们相信他们一定能够攻克各种困难。

活动 2　了解和规避侵权风险

活动背景

陈帅他们在企业导师的带领下清楚知道了亚马逊关联的风险，掌握了一些防关联的方法。陈帅他们还了解到此次被封店铺还有小部分卖家是因为侵权导致店铺被封。早在 10 多年前，中国知名品牌"回力"在海外被一家美国公司捷足先登，在欧美地区抢注了回力鞋的商标"warrior"（中文译为"勇士牌"），导致在美国、甚至整个欧洲，回力都不能拓展品牌份额。为了杜绝后患，陈帅他们决定对亚马逊店铺运营中的侵权风险进行探究。

活动实施

▣ 知识窗

1. 亚马逊常见的侵权类型

亚马逊常见的侵权类型有三种：商标侵权、专利侵权和版权侵权，如图 2.2.3 所示。

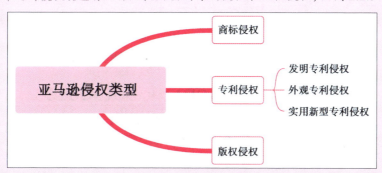

图 2.2.3　亚马逊常见侵权类型

2. 亚马逊侵权的后果

亚马逊很重视知识产权侵权的问题，即使卖家在不知情的情况下侵犯了别人的知识产权，亚马逊依然会采取措施，卖家的账号轻则会被警告或者暂停、商品下架，重则关闭账号。因此，不管我们是知情还是不知情，都尽量做到不侵权，这既是保护账号的需要，也是良好职业素养的体现。

3. 规避亚马逊侵权风险

在亚马逊经营店铺，预防规避知识产权侵权风险尤为重要。

（1）卖家在设置店铺名的时候先查询店铺的名称是否侵犯他人的商标权。店铺名称、产品名称和产品描述中一定不要出现侵权的字眼。

（2）在选品过程中，卖家应该调查和了解清楚自己选择的产品是否有侵权风险。卖家可以通过专利查询网站查询相关产品的商标、专利、版权情况，在上架前做好知识产权预警分析，以规避侵权风险。

（3）注意货源细节。首先，卖家最好向工厂或供应商咨询清楚产品是自研发产品、仿品还是改良品，产品供应给哪些卖家。其次，如果卖家在亚马逊上销售某个品牌的产品，一定要保证供货渠道的正规性，卖家应该一开始就沟通清楚货源细节，并确认供应商是否是真正的商标、专利权人，因为只有商标持有人才有资格进行品牌授权。

（4）发布 Listing 的时候，使用原创类的图片、文字，不要随意在产品图片中添加非原创的 Logo，也不要在 Listing 的文字里填写非自家品牌的品牌名。

✎ 做一做

查询商标专利在目的国是否已注册（以美国为例）。

第 1 步：打开美国商标局的官网，选择点击 Trademark（商标）下方的"Searching trademarks"，如图 2.2.4 所示。

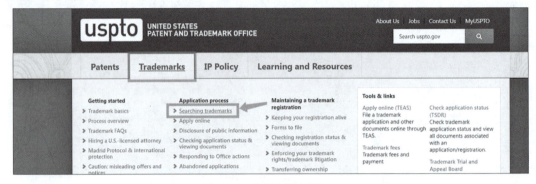

图 2.2.4　商标查询官网入口

第 2 步：点击"Search our trademark database（TESS）"，如图 2.2.5 所示。

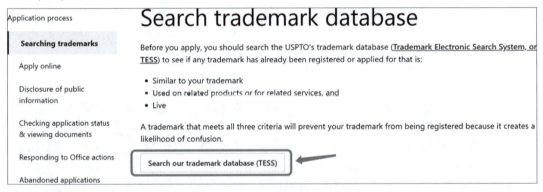

图 2.2.5　点击"Search our trademark database（TESS）"

第 3 步：点击第一种查询方式，如图 2.2.6 所示，进入查询系统。

Welcome to the **Trademark Electronic Search System (TESS)**. This search engine allows you to search the USPTO's database of registered trademarks and prior pending applications to find marks that may prevent registration due to a **likelihood of confusion** refusal.

WARNING: Before conducting your search, you must understand the following: (1) what the database includes; (2) how to construct a complete search; and (3) how to interpret the search results. Click **TESS TIPS** for detailed information on these and other important search topics.
If mark images do not appear when viewing search results, clear the cache in the Internet browser. If you need detailed instructions for clearing the cache, contact tess@uspto.gov. Thank you.

HELP　News!

Select A Search Option

▶ **Basic Word Mark Search (New User)**
This option cannot be used to search design marks.

▶ **Word and/or Design Mark Search (Structured)**
This option is used to search word and/or design marks. **NOTE:** You must first use the **Design Search Code Manual** to look up the relevant Design Codes.

图 2.2.6　选择商标查询方式

第 4 步：在 "Search Term" 中输入要查询的商标名称，点击 "Submit Query"，如图 2.2.7 所示；就可以搜索出该搜索条件下的所有注册商标，如图 2.2.8 所示，点击进去就可以查看该商标的详细情况。

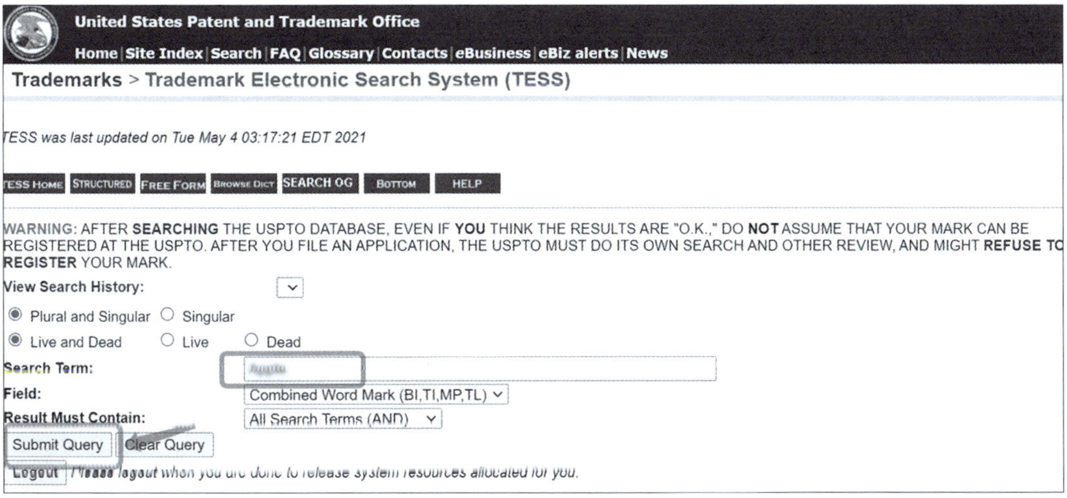

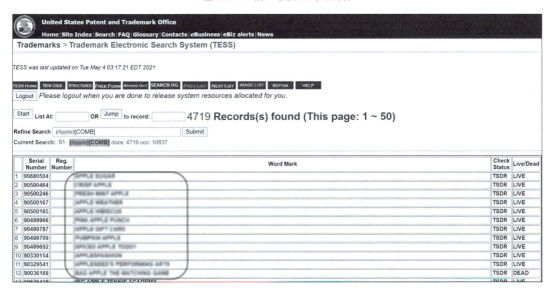

图 2.2.7　输入想要查询的商标

图 2.2.8　商标查询结果

注意：发明专利的查询跟商标类似，也是登录美国商标局的网站进行查询。

🔍查一查

登录美国商标局官网查一查 "SUNNY" 是不是已注册商标。

※ 活动评价 ※

陈帅他们在企业导师的带领下，了解了亚马逊侵权的类型及后果，学会了规避侵权风险的做法。侵权是导致亚马逊店铺封号的一大原因，因此各卖家在进驻亚马逊平台时要做好功课，做好知识产权预警分析，以规避侵权风险。陈帅他们又攻克了一难关，向下一步继续出发。

合作实训

A 公司的账号突然收到一封亚马逊账号的警告信，其信的内容如下：

Hello,

We have removed your listing because of a rights owner complaint about an item that infringes their intellectual property rights. Your listing will remain inactive until you can work with the rights owner directly to resolve the concern.

ASIN: ××××××××××××

To maintain a trusted marketplace for buyers and sellers, we take immediate action to address rights owner complaints regarding infringements of their intellectual property rights.

What you can do

1. Contact the rights owner directly to resolve this dispute: ××××.

2. Once resolved, advise them to contact us at notice@amazon.com to withdraw their complaint.

3. Refrain from listing items manufactured by this rights owner until you have resolved the concern.

What happens next

If the rights owner contacts us to withdraw their complaint, we will reinstate your listing on your behalf immediately.

Please remember that additional complaints about your listings may result in the removal of your Amazon selling privileges.

Learn more

Sellers should understand our policies regarding intellectual property. To learn more, search "Intellectual Property Violations" in Seller Central Help.

Still have questions? You can ask our Seller Support team: Contact us (https://sellercentral.amazon.com).

We appreciate your cooperation and thank you for selling on Amazon.

Seller Performance Team

Amazon.com

请同学们帮 A 公司分析警告信，完成表 2.2.3，帮助 A 公司申诉账号。

表 2.2.3　警告信分析表

账号警告原因	

下一步采取的行动	
不处理的结果	

任务3 》》》》》》》
掌握亚马逊收款方式

情境设计

在上一任务中,陈帅了解到亚马逊账号的主要风险:关联风险和侵权风险,掌握了一些防关联、规避侵权的方法。接下来,他还需要了解亚马逊的收款方式,申请好收款账户,让交易能够顺畅地进行下去。陈帅在企业导师的带领下展开了收款方式的调查以及收款账户的申请。

任务分解

亚马逊卖家收款方式有很多,如 WorldFirst 万里汇(简称 WF 卡)、Payoneer 派安盈(简称 P 卡)、PingPong 等,但收款方式各有优劣。为了让陈帅更好地完成任务,企业导师将该任务分成以下两个活动:

①了解亚马逊的收款方式;

②申请和绑定亚马逊收款账户。

活动1　了解亚马逊的收款方式

活动背景

对卖家来说,最关心的两件事:一是如何把产品卖出去;二是如何把钱收回来。SUNNY 外贸公司为了让交易顺利完成,还需要了解亚马逊的收款方式。亚马逊的收款方式有很多,每种收款方式各有其特点,陈帅在企业导师的带领下展开了亚马逊收款方式的探究。

活动实施

□ 知识窗

目前市面上比较主流的亚马逊收款方式有：Payoneer（派安盈）、WorldFirst（万里汇）、PingPong、亚马逊全球收款，它们之间的区别见表2.3.1。

表 2.3.1 四大收款方式比较

收款方式	Payoneer 派安盈	WorldFirst 万里汇	PingPong	亚马逊全球收款
账号类型	个人/公司	个人/公司	个人/公司	个人/公司
注册费用	无卡账号免费，可同时申请万事达实体卡，账号年费29.95美元	免费	免费	免费
注册用时	无卡账号2~3天，实体卡邮寄需要1~2周	1~3个工作日	1~3个工作日	绑定国内银行账号即可用
支持货币	美元、欧元、英镑、日元、澳元、加元、墨西哥币	英镑、美元、加元、离岸人民币、欧元、新西兰元、新加坡币、澳元、港元、日元	美元、英镑、欧元、日元、澳元、加元、新加坡币	全球40多种货币
提现费用	新用户提现费为1.2%，随着累计入账的金额增加而减少，最低可降到1%（累计入账300万美元）	封顶0.3%费率，一年内平均月交易量超过5万美元（含等值其他币种）费率为0.2%，一年内平均月交易量超过50万美元（含等值其他币种）费率为0.1%，可提现境内人民币免费	1%	采用"阶梯定价"费率，根据卖家在亚马逊各海外站点的净销售额来决定费率，最高手续费率为0.9%，最低为0.4%
提现速度	1~2个工作日	1个工作日	1个工作日	1~3个工作日

四大主流收款方式的安全性、经济性和便捷性对比如下：

1. 安全性

WorldFirst受美国、英国政府和中国香港特区政府监管，Payoneer受美国政府及欧洲监管；PingPong虽是新兴的支付企业，但也都受政府监管，其关联公司受美国政府监管；亚马逊全球收款是亚马逊的官方推荐收款方式，所以，从安全性上来讲，这4种收款方式都是安全性较高的，跨境卖家可以根据自己的喜好进行选择。

2. 经济性

从经济性上考虑，WorldFirst（万里汇）和亚马逊全球收款的经济成本比其他两种都低，Payoneer 和 PingPong 的经济性适中，使用也较广。

3. 便捷性

Payoneer、WorldFirst、PingPong 和亚马逊全球收款在便捷性上相差不大。

Payoneer、WorldFirst 和 PingPong 都是知名度比较高的收款方式，在安全性、经济性、便捷性上都比较不错，是目前中国卖家广泛使用的收款方式；亚马逊全球收款虽是官方的收款方式，费率比较低，但是只能收一个账号的款项，对于多个账号的卖家不友好，需要注意关联风险。

◎填一填◎

通过学习，我们了解了亚马逊常见的 4 种主流收款方式，那么还有其他的收款方式吗？和四大主流收款方式有什么区别？请上网搜集相关资料，完成表 2.3.2。

表 2.3.2　收款方式对比表

收款方式				
账号类型				
注册费用				
注册用时				
支持货币				
提现费用				
提现速度				

※ 活动评价 ※

陈帅在企业导师的带领下，了解了亚马逊常见的几种收款方式，清楚了各个收款方式的开户方式、收费情况、提现速度及安全性等。收款是亚马逊交易中的一个环节，选择一个安全性高、便捷性强、经济划算的收款方式会让整个交易变得更加放心。

活动 2　申请和绑定亚马逊收款账号

活动背景

陈帅通过网络搜索了解了亚马逊常见的收款方式，清楚了各个收款方式的开户方式、收费情况、提现速度及安全性等。通过对比各个收款方式后，企业导师决定选择申请 WorldFirst（万里汇）作为公司亚马逊平台的收款方式。企业导师让陈帅去着手申请 WF 账号并绑定收款账号。

活动实施

在注册之前,陈帅了解到,WorldFirst(万里汇,以下简称WF)账号分为个人账号和公司账号,决定用公司还是个人身份注册WF,取决于卖家想用谁的国内银行账户来收款,与卖家用什么名义在亚马逊开店是没有任何关系或影响的。下面是申请流程:

1. 注册WorldFirst(万里汇)个人账号

第1步:打开WF官网网址,进入首页点击左侧"注册跨境电商账号"或者右上角的"注册",进入到注册界面。选择注册的账户类型及店铺主要的经营范围,点击"下一步"按钮,如图2.3.1所示。

图 2.3.1　注册万里汇个人账号入口

第2步:用拼音填写完成注册人的详细信息,如地区、姓名、性别、出生年月、电子邮箱、密码等,勾选同意注册条款后点击"下一步"按钮,如图2.3.2、图2.3.3所示。

图 2.3.2　注册人详细信息一

图 2.3.3　注册人详细信息二

第 3 步：用英文或者拼音填写注册人的家庭地址后点击"下一步"按钮，如图 2.3.4 所示。操作到这里，注册步骤就完成了。

图 2.3.4　注册人家庭地址

第 4 步：注册完成后，卖家还需要上传相关资料才能开通货币账号。卖家可以在 WF 官网上直接点击登录账户，进入 WF 后台，如图 2.3.5 所示，上传注册人相关信息材料。

图 2.3.5　上传资料完成账号注册

需要提供的审核资料如下：

①账户持有人身份证的正反面彩色扫描件；

②完整的现居住地址；

③网店的链接。

提供了以上信息，基本当天账户就完成审核，同时也会收到来自WF官方的客服电话，如实回答就可以。到这里，WF的货币账户就开通完成了。

2.万里汇绑定亚马逊收款账号（以美国站为例）

第1步：登录Amazon美国站点后台，点击右上角菜单栏"设置"→"账户信息"，如图2.3.6所示。

图2.3.6 亚马逊绑定收款账号入口

第2步：点击页面中间付款信息板块中的"存款方式"，如图2.3.7所示。

图2.3.7 点击"存款方式"

第3步：填写相关账号信息，"银行所在地"选择"美国"；并按照图中标识的序号，依次输入对应的万里汇美元账号信息，如图2.3.8所示，保存该存款方式即为绑定成功。

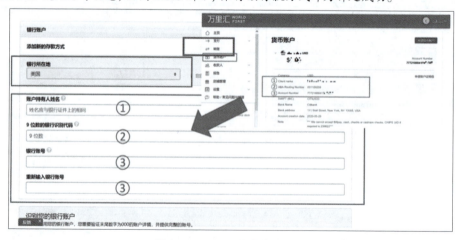

图2.3.8 亚马逊绑定收款账号

✎ **做一做**

陈帅通过自己的摸索，完成了万里汇（WorldFirst）账号的申请以及绑定了亚马逊收款账号。

除了万里汇（WorldFirst）收款方式，派安盈（Payoneer）收款方式也是深受众多跨境电商卖家喜爱，请同学们尝试申请派安盈账号。

※ 活动评价 ※

陈帅在企业导师的带领下，掌握了亚马逊收款账号的申请以及绑定操作流程，解决了交易中收款的问题，帮助交易更加顺利地进行。接下来，他要进行亚马逊前台、后台布局学习，熟悉后台各个模块的操作，为真正在亚马逊平台上进行销售做好准备。

合作实训

在同学们的帮助下，A 公司在任务 1 的时候已经完成了亚马逊平台的注册，接下来，请同学们帮助 A 公司完成 WorldFirst（万里汇）收款方式的申请。

任务4 >>>>>>>>>
揭秘亚马逊前后台布局

情境设计

近几年，不少卖家在亚马逊电商平台赚得盆满钵满，许多卖家都说赢得黄金购物车对于卖家十分重要。但是对于许多刚接触亚马逊的新手卖家来说，经常搞不懂店铺的各项操作，被各个模块搞得摸不着头脑，更不懂什么是黄金购物车。企业导师让陈帅去了解亚马逊的前后台界面，了解各个模块的操作，了解什么是黄金购物车，确保了然于心。

任务分解

为了帮助陈帅了解亚马逊前后台的界面、黄金购物车，企业导师将该任务分解为以下三个活动：

①详解亚马逊前台；
②详解亚马逊后台；
③解读黄金购物车。

活动 1　详解亚马逊前台

活动背景

做亚马逊的第一步，就是了解亚马逊的前台。可能有的卖家会认为亚马逊后台比前台更重要，诚然，熟悉并掌握亚马逊的后台操作在运营中是不可或缺的，但了解前台的规则，做好前台的规律总结，或许能让你在运营上达到事半功倍的效果。前台看似简单，但从消费者和卖家这两个角度去看，则是完全不同的东西。陈帅在企业导师的带领下展开了亚马逊前台的探究。

活动实施

陈帅通过调查，了解亚马逊美国站前台主要有以下几个模块：

1. 了解搜索页面

第1步：输入亚马逊网址，进入亚马逊网站，前台的界面如图 2.4.1 所示，买家可以在搜索框中键入自己想要购买的产品进行搜索，也可以通过类目筛选选择自己想要购买的产品类目。

图 2.4.1　首页搜索页面

第2步：买家输入产品关键词后，点击搜索展现出来的为搜索展示界面，如图 2.4.2 所示，在搜索展示界面的左侧边框会有根据不同分类、星级等帮助辅助筛选产品的工具。筛选条件以及搜索结果展示页面最底端有产品广告位，如图 2.4.3 所示。

图 2.4.2　搜索结果展示

2. 了解 Listing 页面

陈帅在搜索结果页面，点击一款产品，进入了亚马逊的 Listing 页面，也就是亚马逊网站上的商品详情页面，消费者可以直接通过浏览 Listing 页面了解卖家所售的商品并且下单。Listing 页面包括以下内容：

（1）标题、图片、价格、运费、变体、品牌、购物车、五行卖点，如图 2.4.4 所示。

（2）推荐关联搭配，亚马逊会推荐多数买家经常一起购买的产品，如图 2.4.5 所示。

（3）广告产品推荐，如图 2.4.6 所示。

（4）促销信息，如图 2.4.7 所示。

（5）产品详情页描述，如图 2.4.8 所示。

（6）产品信息描述，如图 2.4.9 所示。

图 2.4.3　产品广告位

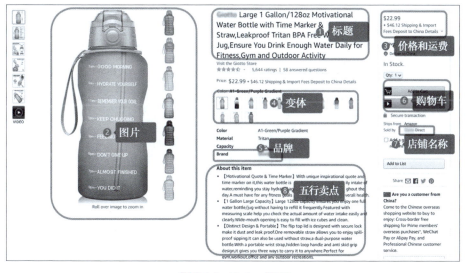

图 2.4.4　Listing 页面

图 2.4.5　推荐关联搭配

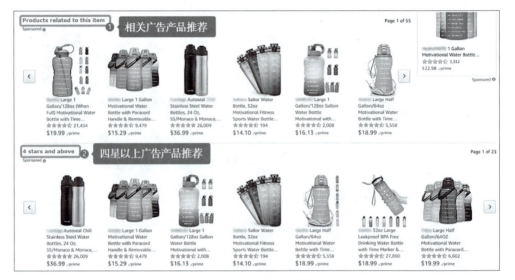

图 2.4.6　广告产品推荐

Special offers and product promotions

- ☐ Clip this coupon to save $15 on this product when you buy from ORFELD TECH LLC. Here's how ˅ (restrictions apply)
- Save 2% on this item when you purchase 1 or more cordless vacuum offered by ORFELD TECH LLC. Here's how ˅ (restrictions apply)
- **Amazon Business** : For business-only pricing, quantity discounts and FREE Shipping. **Register a free business account**

图 2.4.7　促销信息

图 2.4.8　产品详情

图 2.4.9　产品细节

（7）QA

QA 是指在亚马逊产品页面上的问答版块，如图 2.4.10 所示。买家可以针对产品提出任何相关问题，亚马逊会通知卖家或者是部分已经购买的买家来回答这个问题。当亚马逊得到答案后会以邮件形式通知提问的买家，同时会将问答及答案显示在 Listing 页面中供后续购物的买家做参考，帮助他们做出合适的决策，提升购物体验。

图 2.4.10　问答页面

（8）客户评价（见图 2.4.11）

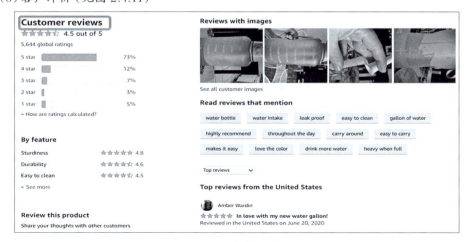

图 2.4.11　客户评价页面

（9）"买了又买"推荐模块（见图2.4.12）

（10）根据买家浏览习惯推荐产品（见图2.4.13）

图 2.4.12 　"买了又买"推荐模块

图 2.4.13 　推荐页面

✏️ 做一做

通过学习，我们认识了亚马逊前台的各个板块，为了加深记忆，接下来让我们打开亚马逊官网，请同学们一起进行认知与实践操作。

※ 活动评价 ※

陈帅在企业导师的带领下，了解了亚马逊前台的布局，包括产品搜索展示界面、推荐页面。亚马逊为了提升用户体验，前台布局会随时有变动，所以我们要及时关注亚马逊前台的布局变动，不能一时搞懂后便弃之一边，要做到知己知彼方能打好胜仗。

拓展阅读：
详解速卖通前台

活动 2　详解亚马逊后台

活动背景

卖家中心是亚马逊卖家在日常运营中操作得最多的地方，账号设置、产品发布、库存管理、订单处理、回复客户、投放广告、查看绩效等都是需要在卖家中心操作完成的。然而，对于新手卖家来说，会经常被后台的各项操作搞得云里雾里。陈帅在企业导师的带领下展开了亚马逊后台的探究。

活动实施

陈帅打开亚马逊卖家中心，输入账户和密码，第一次登录的时候，后台默认是英文的，可以通过右上方的语言设置为中文，方便操作，如图2.4.14所示。

图 2.4.14　卖家中心后台界面

亚马逊卖家中心后台导航栏中有 10 个选项,但是运营主要操作的有八大模块,即目录、库存、定价、订单、广告、店铺、数据报告和绩效,每个板块都有相应的功能特点,以下是各个功能的详细介绍。

1. 目录

目录功能按钮是专门用于手动上传产品的时候使用,目录功能按钮下有 3 个选项:添加商品、补全您的草稿、查看销售申请,如图 2.4.15 所示。

图 2.4.15　目录

● 添加商品:点击"添加商品",可以手动创建自己的新 Listing 或者跟卖其他已经存在的 Listing。

● 补全您的草稿:点击草稿进入您上次未写完的产品编辑页面补充信息,完成后直接发布商品即可,相当于保存草稿的功能。

● 查看销售申请:点击查看销售具有发布限制的商品的申请情况。

2. 库存

库存按钮主要是用于库存管理及规划,库存功能按钮下有 9 个选项,如图 2.4.16 所示。

图 2.4.16　库存

● 管理库存:卖家在这里可以看到卖家上传的所有产品的库存。

● 管理亚马逊库存:在这里卖家可以看到他们采用亚马逊配送的产品库存情况。

●库存规划：主要用于管理和使用亚马逊的现有库存。当你需要补货,会提醒你补货,也会给出一些销售意见。

●添加新商品：与目录中的"添加新商品"功能一致。

●批量上传商品：当有几十种产品时,可以下载表格,以表格的形式快速上传大量的产品。

●库存报告：可下载产品的在库率、可售天数、当前库存和销量等信息。

●全球销售：可以把一个站点的 Listing 同步到其他站点,实施多站点销售。

●管理亚马逊货件：在这里可以查看采用亚马逊配送产品的入库、补货情况。

●上传和管理视频：卖家可以在此处上传和管理您的商品视频。

3. 定价

在定价的功能按钮下拉框中有 5 个选项,如图 2.4.17 所示。

图 2.4.17　定价

●查看定价助理：有自动定价的功能,针对目录中的任何在售 SKU 创建规则来根据卖家的销售量自动更新商品价格。

●管理定价：这里可以批量编辑所有商品的价格,非常方便快捷。

●解决价格问题：在这模块下,卖家可以管理有价格错误的商品。

●自动定价：是"查看定价助理"的直接按钮。可以让卖家能够在大型的商品组合中快速更新商品价格,无需花费大量时间来逐个更新商品。

●佣金折扣：卖家在这里可以查看亚马逊上有哪些商品有佣金折扣。

4. 订单

在订单功能按钮下有 5 个选项,如图 2.4.18 所示。

图 2.4.18　订单

●管理订单：卖家可以在这里查看所有状态的订单,比如哪些是支付的,哪些是未发货的,哪些是配送中的,可以从这里搜索查找相应的订单。

● 订单报告：卖家可以下载过去 90 天内自发货订单的数据，包含已发货与待发货处理的订单。

● 上传订单相关文件：卖家通过平台提供的统一格式模板上传商品配送详情，如商品、数量、发货日期、承运人和追踪编码。主要是为了方便卖家有效地对订单、配送、库存、订单取消等功能进行批量更改。

● 退货管理：卖家可以在这里查找并下载过去任何时候的买家退货订单，并可设置不同的搜索条件，快速查找所需买家订单。

● 管理 SAFE-T 索赔：亚马逊规定，如果卖家认为消费者退货理由不合理，或者退回的商品损坏，或与原物不一致，可以发起 SAFE-T 索赔，尽量避免消费者恶意退货。卖家可以在这个板块下管理卖家的 SAFE-T 索赔。

5. 广告

广告模块包括广告活动管理、秒杀、优惠券、Prime 专享折扣等，如图 2.4.19 所示。

图 2.4.19　广告

● 广告活动管理：卖家可以在这里设置广告活动，包括自动、手动、头条广告等，还可以下载广告投放报告。

● 秒杀：系统会根据产品的销售数据，推荐符合资格的产品，每周更新一次。

● 优惠券：卖家可以在这里设置优惠券，提升产品销量。

● Prime 专享折扣：卖家可以为单个商品或一组商品提供 Prime 专享折扣。

6. 店铺

店铺模块下选项只有 1 个管理店铺，主要适用于已经备案的店铺，为加大品牌店铺宣传使用，如图 2.4.20 所示。

7. 数据报告

数据报告模块的下拉选项有 6 个，分别是付款、亚马逊销售指导、业务报告、广告、退货报告、税务文件库，如图 2.4.21 所示。

● 付款：卖家可以查询账户内账单周期的结算状态，以及各项费用的支出报告。

● 亚马逊销售指导：卖家可以查看亚马逊配送产品的销售情况，并且给出优化建议。

● 业务报告：这是卖家最常用来分析的功能。卖家可以以 ASIN 为单位，查询不同时间段内的成交、流量、转化率、浏览量、销售额等数据。

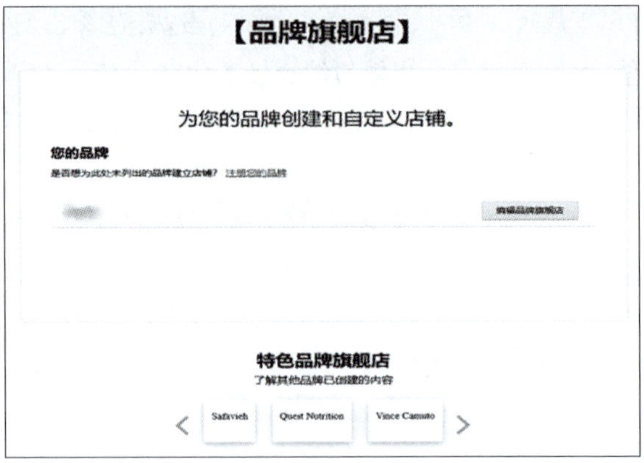

图 2.4.20　品牌旗舰店

图 2.4.21　数据报告

●广告：卖家可以查看广告报告，了解广告投放的情况。

●退货报告：卖家可以查询和下载 30 天内的退货情况。

●税务文件库：卖家使用亚马逊 FBA 产生的费用，是可以开增值税发票的。卖家在这个板块中可以开相关发票发送到自己邮箱。

8. 绩效

绩效模块主要用来查看亚马逊账户的各项指标，功能按钮下有 6 个选项，如图 2.4.22 所示，包括账号状况、反馈、亚马逊商城交易保障索赔、信用卡拒付索赔、业绩通知、卖家大学。

图 2.4.22　绩效

●账户状况：卖家在这里可以查询买家账号健康状况，是否因未满足绩效目标或不符合亚马逊政策而存在风险或被暂停。

亚马逊账户销售安全指标要求：①订单缺陷率 (ODR) 小于 1%；②订单取消率小于 2.5%；

③迟发率小于4%；④有效跟踪订单数查询率大于95%。

●反馈：卖家在这里可跟踪买家对服务的满意度。卖家可以查看短期和长期指标，以及详细的反馈条目，包括买方电子邮件和订单编号。

●亚马逊商城交易保障索赔：这是查看亚马逊平台买家和卖家之间纠纷的功能；类似于淘宝的申请官方介入，来判定谁对谁错。

●信用卡拒付索赔：当持卡人联系银行，表示对亚马逊上所下订单存在争议时，便会出现顾客中止付款。卖家在这里可以查看买家付款中止的情况。

●业绩通知：此处查看平台给卖家发送的所有重要信息，绝大部分是关于卖家店铺安全的邮件，一般在卖家平台左上角会出现小红旗。

●卖家大学：这是亚马逊为了帮助卖家而推出的，里面有各种基础操作的视频及政策讲解。

9. 设置（Setting）

卖家可以在这里设置账户信息、税务信息、退货信息等，如图 2.4.23 所示。

图 2.4.23　卖家账号基本设置

以上就是亚马逊平台后台主要模块的介绍，作为一个新手卖家，熟悉亚马逊后台，了解各个模块的操作，有助于我们日后的经营，降低犯错成本。

做一做

通过学习，我们认识了亚马逊后台的各个板块，为了能让技能更加熟练，接下来让我们打开亚马逊卖家中心，一起实践操作各个功能按钮。

※ 活动评价 ※

陈帅在企业导师的带领下，认识了亚马逊后台常用的功能界面，了解各个模块的内容，以及日后运营中要注意的点。然而这还是远远不够的，我们还需要学习产品怎么包装、定价、促销、引入客户等一系列运营问题，这仅仅是开端。

活动3 解读黄金购物车

活动背景

随着亚马逊全球开店计划的推行，成千上万的第三方卖家涌入亚马逊平台，多个卖家卖同个产品的情况并不少见。据调查，82%的订单是通过黄金购物车（Buy Box）实现的，且这一比例在移动端更高。卖家想要突围而出，赢得黄金购物车（Buy Box）尤为重要。于是陈帅在企业导师的带领下展开了黄金购物车（Buy Box）的探究。

活动实施

□ 知识窗

1. 黄金购物车的定义

黄金购物车（又称 Buy Box）是买家在亚马逊购物时看到的最方便的添加购物车按钮，位于商品页面的右上方。

2. 抢占黄金购物车的意义

Buy Box 不会固定给到某一个店铺，它是众多卖家共享的，除非该商品只有一个卖家在销售，这是亚马逊为了提高卖家店铺的整体竞争力，也为了改善买家购物体验而设置的。为什么黄金购车会那么受卖家喜欢呢？因为黄金购物车位于买家购物时最方便购买的位置，只要买家轻轻点一下"Add to Cart"，页面就自动跳转到拥有这个 Buy Box 的店铺。也就是说，只要拥有黄金购物车就是拥有了流量，可以轻松带来大量的订单。

3. 赢得黄金购物车的影响因素

（1）配送方式

亚马逊配送方式有3种：FBA（Fulfillment By Amazon，亚马逊配送），卖家发货到亚马逊仓库，亚马逊帮忙发货给买家；FBM（Fulfillment By Merchant，自发货），由卖家自行发货给买家；SFP（Seller-Fulfilled Prime，第三方海外仓），卖家备货到第三方海外仓，第三方海外仓帮忙发货给买家。因为亚马逊认为 FBA 的整个订单履行流程最为完善，所以 FBA 卖家更有可能赢得 Buy Box。而对于采用 FBM 和 SFP 发货方式的卖家，只有各项指标十分突出，并且具备非常有竞争力的价格，才能与 FBA 卖家竞争。

（2）商品售价

商品售价是影响卖家抢占 Buy Box 的重要因素之一，但是并不是决定性因素。如果卖家的价格很低，但是店铺在绩效指标不佳的情况下，卖家赢得 Buy Box 的概率很低；如果在绩效差不多的情况下，低价确实能加大卖家赢得 Buy Box 的概率。因此，卖家需要时刻关注竞争对手的价格变动来做出相应的调整。

（3）商品库存

保持库存充足，是抢占购物车的先决条件。如果商品脱销，那么 Buy Box 也会跟着失去；

如果卖家想有效维持 Buy Box，必须保证热销产品的库存充足，避免需求增加而造成脱销的情况。

（4）卖家反馈评级

卖家反馈评级保持好评率在 90% 以上对于 Buy Box 赢得率至关重要。

（5）绩效指标

决定卖家能否获得 Buy Box 资格的关键指标有三个：店铺的订单缺陷率、取消率和迟发率，这三个指标表现越好，越说明卖家能得到买家的认可与信任，就越有机会获取抢占 Buy Box 的资格。订单缺陷率（ODR）是由三个不同指标组成：差评率、A-to-Z 索赔率、信用卡拒付率，分别从短期（1 ~ 2 个月）和长期（1 ~ 4 个月）对卖家进行评分。在理想状态下，订单缺陷率应该保持在 1% 以下，并且如果卖家的订单缺陷率一直很高，亚马逊很有可能会冻结卖家的店铺；迟发率是在一段时间内发货延迟的订单除以总订单数量得出的百分比，迟发率应保持在 4% 以下，这样有利于卖家获得 Buy Box；取消率是在给定的 7 天时间段内，卖家取消的所有订单占订单总数的百分比，亚马逊政策规定，卖家应维持取消率低于 2.5%。

（6）客户联系反应时长

亚马逊要求卖家必须在 24 小时内回复客户，不管过节或者周六日，迟回复或者不回复都会影响 Buy Box 的竞争，而回复 90% 以上的买家信息有助于赢得黄金购物车。

4. 获取黄金购物车的方式

（1）账号起步初期，做好产品销售

一开始利用亚马逊销售商品，店铺是没有销售数据的，因此卖家在前期需要专心做好产品销售，同时利用各种方法渠道来增加自己产品的曝光率，例如可以低价卖热销产品，在这个过程需要控制好产品的价格以及规避知识产权侵权风险；对于自建的 Listing，要做好产品优化来提升曝光和订单。

（2）发挥价格优势，巧妙使用优化工具

价格在黄金购物车的归属权竞争中有着非常重要的影响，尤其是在低端商品中，价格和黄金购物车的联系会非常密切，因此发挥价格优势，可以巧妙使用优化工具。卖家可以通过手动调价，规则调价和工具调价的方式实时优化价格。

（3）尽量采用 FBA 发货

FBA 发货虽然不是亚马逊平台的硬性规定，但对于新卖家来说，使用 FBA 有利于平台对账号安全性和可靠性进行评估，有利于账号的稳定，同时又自动获得竞争黄金购物车（Buy Box）的资格。据多数卖家反馈，采用 FBA 发货方式的产品 Listing，曝光率及成交量明显多于自发货的 Listing。如果采用自发货方式，一定要及时、快速发货，帮助客户快速收到产品，提升客户体验。

（4）提升考核指标

绩效指标对获取黄金购物车很重要。卖家要重视店铺的三大指标：订单缺陷率应该保持在 1% 以下；取消率应维持低于 2.5%；迟发率保持 4% 以下。在产品质量上，把控好产品检测关，确保产品的品质。

（5）保持足够的库存

商品脱销会导致黄金购物车转向下一卖家，所以充足的库存可以有效地帮卖家保持黄金购物车的位置。

（6）及时回复客户消息

在邮件回复上，确保客户邮件必须在24小时之内回复，即使在休息时间卖家也得想办法及时回复邮件。努力提升店铺客服水平，让买家拥有良好的购买体验，提高客户的留评率以及好评率。

根据亚马逊的黄金购物车规则我们不难发现，良好的产品体验和用户体验，是获得黄金购物车的核心。但无论是店铺的指标、好评率、好评量、销量、价格等，都只有真正拥有好产品的卖家才能在这些综合数据上表现突出。因此，卖家应选择一个好的产品，再参照上面这些方法运营店铺，才能抢占黄金购物车。

做一做

在亚马逊平台上寻找到黄金购物车和竞争此黄金购物车的其他卖家。

（1）寻找黄金购物车

第1步：打开亚马逊官网，在搜索框输入任一商品名称，出现搜索展示页面。

第2步：打开商品的详情页，看右上角有无 Add to Card 的黄金购物车按钮，如图 2.4.24 所示。

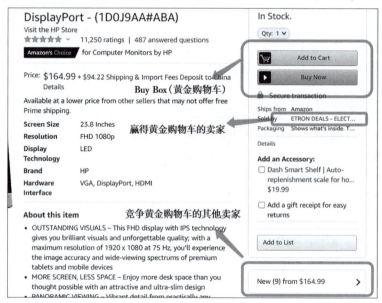

图 2.4.24　黄金购物车

（2）找到竞争黄金购物车的其他卖家

在完成第（1）个任务后，点击页面底部的"New（9）from"按钮，即出现竞争此黄金购物车的其他卖家，如图 2.4.25 所示。

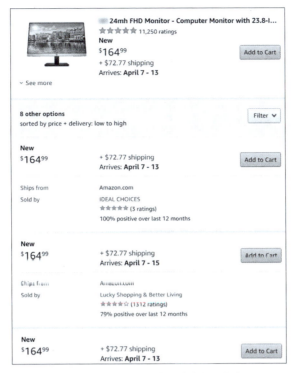

图 2.4.25 黄金购物车其他卖家竞争者

?? 想一想

通过学习,我们对亚马逊黄金购物车有了一个比较全面的认识,下面请同学们思考并回答以下问题:

①有了购物车订单就会增加吗?

②只要降价就可以得到购物车吗?

③自发货卖家能不能拿到黄金购物车?

※ 活动评价 ※

陈帅在企业导师的带领下,了解了亚马逊中黄金购物车的定义以及影响黄金购物车获取的因素,掌握了获取黄金购物车的做法。因为黄金购物车可以帮助卖家获得更多的流量及订单,所以企业导师让陈帅他们谨记各个影响因素,为日后获取黄金购物车做好准备。

合作实训

我们已经学习了有关亚马逊前台、后台、黄金购物车的知识,接下来请同学们完成以下表格的知识检测,看看我们的知识掌握程度。

模块图片	模块名称	知识掌握度
amazon All ▾ 🔍		☐ 已掌握 ☐ 未掌握

续表

模块图片	模块名称	知识掌握度
Size: 40 Oz　14 Oz　18 Oz　22 Oz　32 Oz　**40 Oz**　64 Oz　Color: **Midnight Black**		☐ 已掌握 ☐ 未掌握
Add to Cart　Buy Now		☐ 已掌握 ☐ 未掌握
Customer questions & answers		☐ 已掌握 ☐ 未掌握
Frequently bought together　Total price: $42.89		☐ 已掌握 ☐ 未掌握
中文(简体)▼ 搜索 买家消息 帮助 设置 ▼		☐ 已掌握 ☐ 未掌握
目录 ▼ 库存 ▼ 定价 ▼　添加商品		☐ 已掌握 ☐ 未掌握
数据报告 ▼ 绩效 ▼ 商城　付款　亚马逊销售指导　业务报告		☐ 已掌握 ☐ 未掌握

项目检测

1. 单项选择题(每题只有一个正确答案,请将正确的答案填在括号中)

(1)对于赢得购物车位置的一个很重要条件是下列哪点? (　　　)

　　A. 精写产品描述　　　B. 快速回复邮件　　　C. 美化产品图片　　　D. 使用 FBA

(2)对于订单缺陷率,描述错误的是(　　　)。

　　A. 订单缺陷率是考核卖家绩效很重要的指标,绩效过低会导致店铺冻结

B. 订单缺陷率最高不得超过 1%，这个指标需要经常查看

C. 订单缺陷率不会导致任何惩罚，可以适度超过要求指标

D. 卖家要尽量避免订单缺陷

(3) 给客户反馈信息时间超过多少时间会影响店铺的表现?（   ）

    A. 6 h   B. 24 h   C. 48 h   D. 12 h

(4) 对于专业账号描述错误的是（   ）。

    A. 可以批量上传产品   B. 可以申请秒杀活动

    C. 没有每月的费用   D. 可以使用 FBA

(5) 避免关联账号产生的状况，其中描述错误的是（   ）。

    A. 使用同一块硬盘   B. 避免账号操作习惯相同

    C. 浏览器使用不同种类   D. 产品相似度做区分

(6) 关于亚马逊佣金的说法正确的是（   ）。

    A. 所有产品佣金是相同的   B. 不同品类对应的佣金不同

    C. Kindle 周边产品佣金较低   D. 亚马逊自营品牌佣金最高

(7) 账号注册审核时当亚马逊提出问题，我们应该如何应对?（   ）

    A. 准备一些 PS 的证明文件   B. 诚实积极的态度

    C. 拼凑产品信息   D. 有些问题去刻意回避

2. 多项选择题（每题有两个或两个以上的正确答案，请将正确的答案填在括号中）

(1) 个人账号注册的时候需要准备哪些资料?（   ）

    A. 正确的 E-mail   B. 商品的详细资料

    C. 正确的联系方式   D. 当地收款账户

(2) 专业账号的特点有哪些?（   ）

    A. 可以批量操作   B. 使用 FBA 物流

    C. 可以设置运费   D. 申请促销计划

(3) 全球开店的优势有哪些?（   ）

    A. 帮卖家争取 Buy Box   B. 有官方的培训

    C. 有专属客户经理   D. 账号安全

(4) 亚马逊卖家常用的收款方式有哪些?（   ）

    A. 美国银行账号   B. 万里汇（WorldFirst）

    C. 亚马逊全球收款   D. 派安盈（Payoneer）

(5) 狭义的知识产权主要包括哪三个组成部分?（   ）

    A. 专利权   B. 商标权   C. 著作权   D. 工业产权

3. 判断题（正确的画"√"，错误的画"×"）

(1) 卖家在注册的过程中，要尽可能地使用新邮箱、新企业、新法人、新电脑、新系统、新浏览器、新路由器、新网线、新电话号码、新地址、新信用卡、新收款账号和新产品，尽可能地以物理绝缘的方式来避免被亚马逊系统抓取到彼此账号之间的相似因素。   （   ）

(2) 个人卖家账户和专业卖家账户除了在费用结构上有所不同，在其他功能使用权限上是无区别的。   （   ）

（3）在中国注册的商标在美国也受法律保护。 （　　）

（4）亚马逊最常发生的一种侵犯版权行为就是盗图。 （　　）

（5）卖家把店铺指标做到：订单缺陷率保持在 1% 以下、迟发率应保持在 4% 以下、取消率保持低于 2.5%，就一定能获得黄金购物车。 （　　）

4. 简述题

（1）公司在亚马逊美国站注册开店需要准备哪些材料？

（2）卖家想要获得黄金购物车，必须要满足哪些条件？

（3）亚马逊卖家常用的三大主流收款方式有哪些？

项目 3
选择国际物流

【项目综述】

SUNNY 外贸公司是一家主营童鞋的跨境电商公司，主营亚马逊平台。跨境电商平台上的客户购买量小，且对时效有一定要求，加上国际物流的距离以及清关问题，跨境电商卖家需要优化物流成本，需要考虑客户体验，需要整合物流资源并探索新的物流方式，就要对跨境物流模式及物流渠道有深入的了解。了解常见的国际物流方式，会根据不同的商品类型选择物流方式，并估算物流费用，是每个跨境电商卖家需要掌握的技能，陈帅在企业导师的指导下展开了探索。

【项目目标】

通过本项目的学习，应达到的具体目标如下：

知识目标

◇了解并熟悉常见的国际物流方式

◇会根据不同的商品选择物流方式

◇掌握各种物流方式运费的计算

◇了解亚马逊 FBM 和 FBA 的区别以及费用构成

技能目标

◇能够根据不同的情况选择合适的物流方式

◇能够计算商品的国际物流运费

◇能够利用网络资源估算 FBA 的费用

素质目标

◇提高自身的沟通交流和合作能力

◇培养自主探究和严谨分析的原则

【项目思维导图】

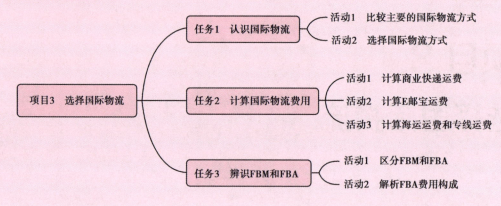

项目3 选择国际物流
— 任务1 认识国际物流
  — 活动1 比较主要的国际物流方式
  — 活动2 选择国际物流方式
— 任务2 计算国际物流费用
  — 活动1 计算商业快递运费
  — 活动2 计算E邮宝运费
  — 活动3 计算海运运费和专线运费
— 任务3 辨识FBM和FBA
  — 活动1 区分FBM和FBA
  — 活动2 解析FBA费用构成

任务1 ⫸⫸⫸⫸
认识国际物流

情境设计

SUNNY外贸公司在开展跨境电商业务时，发现区别于传统外贸的海运运输和国内电商的快递运输，跨境物流的模式较多。企业导师要求陈帅和他的同学们对跨境电商物流进行深入的调查。一方面，要综合调查跨境电商物流的渠道和模式，了解各种模式的费用、时效、优缺点、适合的商品等；另一方面，要综合考虑费用、时效以及公司产品的品类，确定适合的跨境物流模式。陈帅和他的同学们在企业导师的带领下展开了市场调查。

任务分解

为了让陈帅他们更好地完成任务，企业导师将该任务分为以下两个部分：
①了解常见的国际物流方式，比较各种物流方式适合的货物、运费、时效等。
②根据顾客的要求、费用、时效、商品的特征和性质等选择合适的物流方式。

活动1 比较主要的国际物流方式

活动背景

随着跨境电商的迅猛发展，催生了跨境物流的爆发。跨境物流是制约跨境电商发展的重要因素，物流模式不断优化创新，问题不断解决，服务水平不断提高，因此，卖方选择适合自己的物流方式尤为重要。
SUNNY外贸公司响应外贸形势的变化和发展，积极开展跨境电商业务，谋求公司的发展。区别于传统外贸的海运运输，跨境电商运输方式多，但每种物流方式的费用、时效、货物要求等均有所不同，陈帅和同学们在企业导师的带领下展开了调查。

活动实施

知识窗

1.邮政类物流

（1）邮政小包

邮政小包又叫中国邮政航空小包，是中国邮政开展的一项国际邮政小包业务服务，是一项经济实惠的国际快件服务项目。可寄达全球230多个国家和地区各个邮政网点。邮政小包有质量和体积限制：邮政小包限重2 kg，长+宽+高≤90 cm，单边最长为60 cm，最小尺寸单边长度≥17 cm，宽度≥10 cm。

●邮政小包的优势：邮政小包最大的优势是便宜，是称总重来计费的，不计单一重量；无体积重，运输范围及渠道广；通关顺畅。

●邮政小包的劣势：时效差，到亚洲邻国5~10天；到欧美主要国家7~15天；其他地区和国家7~30天；丢包率高，且很难得到赔偿。

邮政小包分为普通空邮（Normal Air Mail，非挂号）小包和挂号（Registered AirMail）小包两种。前者费率较低，邮政不提供跟踪查询服务；后者费率稍高，可提供网上跟踪查询服务。

（2）国际E邮宝

国际E邮宝是中国邮政为适应国际电子商务寄递市场的需要，为中国电商卖家量身定制的一款全新经济型国际邮递产品。

●国际E邮宝的优势如下：

①经济实惠，支持按总重计费，50 g首重，续重按照每克计算，免收挂号费；

②时效快，7~10天即可妥投，帮助卖家提高物流得分；

③专业，为中国eBay卖家量身定制；

④服务优良，提供包裹跟踪号。

●国际E邮宝的劣势：对货物尺寸、质量有限制要求，不适合大件物品的配送。

（3）EMS

EMS国际快递是各国邮政开办的一项特殊邮政业务。该业务在各国邮政、海关、航空等部门均享有优先处理权。以高速度、高质量为用户传递国际紧急信函、文件资料、金融票据、商品货样等各类文件资料和物品，同时提供多种形式的邮件跟踪查询服务。EMS的邮寄方式是，当地国家的邮局收集货物后，通过空运、陆运或者其他渠道运到对方邮局，对方国家的邮局再派送到客户手中，相互之间是独立的，但也是合作的。

●EMS的优势如下：

①快递计费简单，货物不计体积，适合发体积大、重量小的货物；

②国际EMS快递通关能力强，可发名牌产品，电池、手机、MP3、MP4等产品；

③EMS国际快递全世界通邮，可到达全球210个目的地；

④时效有保障，东南亚地区3天内可以妥投，澳大利亚4天可以妥投，欧美国家5天能妥投。

中国邮政：情系万家，信达天下

●EMS的劣势：总体而言安全程度较低。

2.国际商业快递

（1）DHL

DHL（敦豪）国际快递是全球知名的邮递和物流集团Deutsche Post DHL旗下公司。DHL成立于美国，现是德国与美国的合资速递货运公司，是全球快递、洲际运输和航空货运的领导者，也是全球海运和合同物流提供商。DHL的业务遍布全球220个国家和地区，是全球国际化程度最高的公司。

●优势：查询快递方便，单号更新及时，解决问题速度快。

●劣势：走小货运费贵不划算，对托运物品限制严格，拒收许多特殊商品。

●时效：正常情况下2~6个工作日可送达，欧洲国家一般3个工作日，东南亚一般2个工作日即可送达。

（2）UPS

UPS（United Parcel Service, Inc. 美国联合包裹运送服务公司）成立于1907年，总部设于美国佐治亚州亚特兰大市，是全球领先的物流企业，提供包裹和货物运输、国际贸易便利化、先进技术部署等多种旨在提高全球业务管理效率的解决方案。UPS业务网点遍布全球220多个国家和地区，拥有49.5万名员工。2020年UPS营业额达到846亿美元。

●优势：UPS时效快、服务好、可通邮全球200多个国家和地区，在全球多个国家地区设有服务网点，查询单号方便快捷，遇到问题能及时解决，可在线进行发货。

●劣势：UPS国际快递运费比较高，对托运物品限制严格。

●时效：一般2~4个工作日可送达，飞美国时效更快。

（3）（FedEx）

联邦快递（FedEx）是一家国际性速递集团，提供隔夜快递、地面快递、重型货物运送、文件复印及物流服务，总部设于美国田纳西州孟菲斯，隶属于美国联邦快递集团（FedEx Corp）。

●优势：联邦快递是一家国际性速递公司，提供隔夜快递、地面快递、重型货物运送、文件复印及物流服务。FedEx在东南亚很有实力，到中南美洲和欧洲的价格较有竞争力，到其他地方运费会比较贵，网站信息更新快、网络覆盖全面、查询方便快捷。

●劣势：运费贵，对托运物品限制严格。

●时效：参考时效2~4个工作日。

（4）TNT

TNT快递为企业和个人提供快递和邮政服务。总部位于荷兰的TNT集团，在欧洲和亚洲可提供高效的递送网络，且通过在全球范围内扩大运营分布来优化网络域名注册查询效能。提供世界范围内的包裹、文件以及货运项目的安全准时运送服务。

●优势：总部位于荷兰的TNT集团，时效快，清关能力强，查询方便，处理问题及时。在西欧国家清关能力是四大国际快递之最，要比DHL、UPS、EMS都要强，在欧洲和亚洲可提供高效的递送网络。

●劣势：价格比其他国际快递公司高。

●时效：正常情况下的参考时效3~5个工作日可送达。

3. 专线物流

专线物流又称货物专线，专线物流一般是运营商包机包舱将货物运至目的国，运输到目的国后再由当地的合作快递、物流公司进行派送。专线物流与商业快递、邮政小包不同，专线物流只为某国或某地区提供物流服务，针对性极强。此种模式能够集中大批量货物发往目的地，通过规模效应降低成本，因此，价格比商业快递低。时效上，专线物流会稍慢于商业快递，但比邮政小包类快很多，丢包率也比较低。最普遍的专线物流有美国专线、欧洲专线、澳大利亚专线、俄罗斯专线等，其中也有不少物流公司推出中东专线、南美专线、南非专线等。

专线物流的优点：

①针对性强。在计重方式、限重范围、运输范围等方面都能满足托运人的物流需求。

②等成本下时效更快。国际专线物流一般以空运为主，航线固定、网点固定、中转少，速度快，性价比高。

③适用货物范围广。专线物流能运输多种类型物品，满足不同类型产品的物流需求。

专线物流的缺点：

①航班不固定。一些物流承运商没有固定航班，如果物流承运商所揽收的货量与仓位不符，或者仓位不足时，都会影响货物运输的时效。

②跟踪信息不全面。许多物流承运商网点不足，无法及时提供货物的物流信息，容易导致货物运输安全性较低。

③赔偿不标准，赔偿力度较低。相比于邮政物流、商业快递等物流模式，专线物流没有行业赔偿标准，且赔偿力度较低，托运人的风险较大。

4. 海外仓

对于大件物品，若按照快递发货，运费很昂贵，甚至大大高于货物本身的价值。为解决这种困境有些商家在海外国家设立仓库，一般是商家将大批量大件货物通过海运这种成本低的运送方式提前运到海外仓库；然后利用物流信息系统远程操作并实时管理库存；最后将货物通过当地的快递公司送达收件人手中。所以海外仓模式即指在销售目的地进行货物仓储、分拣、包装和派送的一站式控制与管理服务。海外仓一度被认为是近几年跨境电商物流最好的发货方式，解决了跨境物流的种种困境。

●海外仓的优势：

①提升消费者购物体验。消费者下单后，卖家通过海外仓直接本地发货，大大缩短配送时间，也降低了清关障碍，货物配送时效快，客户收到货物后能轻松实现退换货，很大程度上提升了购物体验。

②提升销售额。使用海外仓，发货速度有一定优势，能一定程度上提升产品价格，增加毛利，同时因提升了消费者购物体验，刺激二次消费，从而提升整体销售额。很多跨境电商平台都自建海外仓，如亚马逊的FBA服务，一般来说，如果卖家使用了平台的海外仓服务，平台会有流量倾斜，卖家更容易出单。

③降低物流成本。货物批量运输到海外仓，大大降低了运输成本。

●海外仓的劣势：批量发货降低了物流成本，但货物到了海外仓就会出现仓储费用，进而总体提升仓储成本。另外就是库存压力大,占用资金,如果在选品与市场把握出现差错时,非常容易造成货物滞销。由于货物在海外,物流成本又高,很难进行调控,所以商品很容易积压然后导致作废。

✏ 做一做

了解邮政类物流。

第1步:登录中国邮政国际业务网页,查询了解中国邮政的国际业务服务内容。

第2步:分别学习邮政小包、国际E邮宝、EMS的适用商品、如何计费、优劣势,并填写表3.1.1。

表3.1.1 邮政类物流比较

邮政类物流	适用商品	如何计费	优 势	劣 势
邮政小包				
国际E邮宝				
EMS				

◎ 填一填 ◎

了解国际四大快递公司的情况。

第1步:登录DHL官网,全面了解DHL快递公司的发展情况、服务内容、收费标准等。

第2步:登录联邦快递公司官网,全面了解联邦快递公司的发展情况、服务内容、收费标准等。

第3步:登录UPS官网,全面了解美国联合包裹快递公司的发展情况、服务内容、收费标准等。

第4步:登录TNT官网,全面了解TNT快递公司的发展情况、服务内容、收费标准等。

第5步:填写表3.1.2。

表3.1.2 四大国际快递公司对比

快递公司	发展情况	服务内容	收费标准
DHL			
联邦快递			
UPS			
TNT			

★ 议一议 ★

小组讨论海外仓服务的优劣势,以及哪些商品和情况下适合用海外仓物流,并选出小组代表上台分享。

※ 活动评价 ※

　　国际物流是实现跨境电商的基本保障之一。国际物流流程长，环节多，手续较麻烦，要保证跨境电商物流环节顺利实施，必须对国际物流有充分的了解。目前常用的跨境物流模式有邮政物流、商业快递、专线物流、海外仓等 4 种模式。它们各有优劣势，跨境电商卖家要结合自身情况综合选择。

活动 2　选择国际物流方式

活动背景

　　跨境电商的发展带动了不同物流方式的发展，每种物流方式都有各自的优缺点，每个商家都希望选择到合适的国际物流方式，但选择国际物流方式时应考虑各种物流方式的优缺点，并结合自身商品的特点和公司最迫切的需求才能找到最优的国际物流方式。企业导师要求陈帅和他的同学们对比各种物流方式，为 SUNNY 外贸公司找到最适合的国际物流方式。

活动实施

□ 知识窗

　　选择国际物流方式要考虑的因素主要有：

　　1.物流匹配度

　　物流匹配度，是根据商品类型、商品质量等特点来针对性地选择物流渠道。如低成本、小件货物、限重 2 kg，适合选择邮政小包、国际E邮宝这类物流；超重、超长类物品，则需要选择专线物流或国际快递，承运范围更广、时效更快、安全性更好；如果是贵重物品，那么国际快递是首选。重量和体积较大的商品利用海运方式运到海外仓可以节省运费。

　　2.物流价格

　　跨境物流价格，无疑是跨境电商卖家最为关注的问题之一。因为运费的高低，直接影响商品的成本、定价，进而最终影响产品的利润。对于低价的商品选择高价的物流方式，显然很不明智。

　　3.物流时效

　　选择跨境物流，还需要了解物流时效。物流时效并非越快越好，因为时效快的物流，通常资费也非常高，跨境电商卖家需要在时效和资费中间取得平衡。

　　4.安全性

　　货物派送安全，顺利地完成签收，可以让跨境电商卖家避免很多不必要的售后麻烦。特别是销售的商品较为贵重，一旦发生问题，卖家需要承受较大的损失。安全性从大到小排名为：国际快递→国际EMS→国际E邮宝→国际小包，卖家可以根据自己对安全性的要求，来选择适合的物流渠道。

◎填一填◎

比较主要的国际物流方式以及各自的优缺点，填写表 3.1.3。

表 3.1.3　不同物流方式的优劣势对比

物流方式	优　势	劣　势
邮政小包		
国际快递		
专线物流		
海外仓储		

做一做

企业导师要求同学们讨论适合公司主营产品童鞋的物流方案。

第1步：列出邮政小包，专线物流，国际商业快递的收寄规格与产品范围。测量包装后的童鞋重量体积，判断哪种物流满足要求。

第2步：按企业导师的要求，以中国东莞到美国纽约为例，分别大致估算每双童鞋的邮政小包，E 邮宝、DHL、专线的物流价格。

第3步：按企业导师的要求，分别查询每双童鞋从中国东莞到美国纽约按邮政小包、E 邮宝、DHL、专线的物流时效。

第4步：按企业导师要求，分别查询从中国东莞到美国纽约按邮政小包、E 邮宝、DHL、专线的安全性。

第5步：小组讨论，给出童鞋最适合的物流方案。

※ 活动评价 ※

国际物流方式的选择要考虑的因素很多，而且每个因素并不是单独存在的而是需要综合考虑，需要针对自身产品特性、物流价格、物流时效、安全性、顾客需求、公司目标等，权衡利弊之后选择适合自身的国际物流方式。

合作实训

请针对以下案例，为案例中的产品选择适合的物流方式并阐述理由。

（1）DREAMER 是一家主营女装的跨境电商公司，其公司主要在速卖通平台上销售潮流女装，产品质量比较轻小，其主要目标市场是俄罗斯、巴西、欧美国家等。该公司售卖的部分产品图，如图 3.1.1 所示。

图 3.1.1　DREAMER 店铺的部分产品

（2）天天淘电子商务有限公司是一家主营青少年鞋的跨境电商公司,该公司主要在亚马逊平台售卖产品,主要目标市场是北美市场。该公司采取的配送方式是 FBA,一批批将货物送到亚马逊美国的仓库,由亚马逊负责配送。该公司售卖的部分产品图片,如图 3.1.2 所示。

图 3.1.2　天天淘店铺的部分产品

（3）mywatch 电子商务有限公司是一家从事手表销售的跨境电商公司,其主要在亚马逊（自发货）平台上销售各类手表,售价较高,以高端客户为主。该公司售卖的部分产品图片,如图 3.1.3 所示。

图 3.1.3　mywatch 店铺的部分产品

请同学们分组讨论,确定适合的物流方式,并填制以下的实训报告单,每组派代表上台阐述。

表 3.1.4　物流模式匹配实训报告单

小组成员:		
案　例	适用何种物流方式	阐述原因
案例 1		
案例 2		
案例 3		

任务2 》》》》》》》
计算国际物流费用

情境设计

跨境物流是实现跨境电商的基本要素和重要组成部分,通过跨境物流实现订单从卖家手上送达买家手上。每位买家都希望获得优质的产品、优质的物流服务。陈帅和他的同学们对于国际物流运输方式以及各国际物流公司有了初步的了解,对于适合 SUNNY 外贸公司产品的物流方式也有了初步的决定。跨境物流成本是商品定价时很重要的成本之一,作为跨境电商卖家必须要能清楚计算不同物流方式的物流费用,陈帅着手开始研究国际物流费用的计算方法。

任务分解

为了更高效率地完成任务,企业导师决定把任务分成 3 个活动:
①计算商业快递运费;
②计算 E 邮宝运费;
③计算海运运费、专线运费。

活动 1　计算商业快递运费

活动背景

SUNNY 外贸公司最近会发一批童鞋到美国纽约州。企业导师安排陈帅和同学们负责计算这些童鞋的商业快递费用。货物信息如下：

商品名称：童鞋　　包裹尺寸：45 cm×25 cm×18 cm　　包裹重量：3.5 kg

发货地点：广东东莞　　收货地点：美国纽约

活动实施

□ 知识窗

1.计费单位

国际快递行业，一般20.5 kg以下（含20.5 kg）每0.5 kg为一个计费重量单位，不足0.5 kg，按0.5 kg计算；20.5 kg以上，每1.0 kg为一个计费重量单位，不足1.0 kg，按1.0 kg计算。

2.实际重量

实际重量是指包裹的重量，将包裹称重，测得数值的小数部分取下一个半公斤数。例如：测得的数值为3，即为3 kg，数值为3.5，即为3.5 kg；测得的数值为3.20，则取3.5 kg，数值为3.75，则取4 kg。

3.体积重量

体积重量是指根据货件密度，即单位体积货件的实际重量来确定。

当度量数值为非整厘米数时，将取数值的小数部分至最接近的下一个整厘米数。如度量数值为9.8 cm，则取10 cm。然后将包裹的总体积尺寸数值除以5 000得到以kg为单位的体积重量。计算出的数值的小数部分取下一个半公斤数。

规则物品体积重：长（cm）×宽（cm）×高（cm）÷5 000=重量（kg），如图3.2.1所示。

不规则物品体积重：最长（cm）×最宽（cm）×最高（cm）÷5 000=重量（kg），如图3.2.2所示。

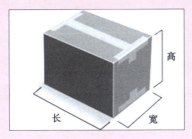 

图 3.2.1　规则物品尺寸测量方法　　图 3.2.2　不规则物品尺寸测量方法

4.计费重量

计费重量是指用于计算费率的重量。计费重量取包裹重量和体积重量二者较大一方。

陈帅和同学们接到企业导师布置的任务后马上着手进行计算，他选择了 UPS 快递公司。

第 1 步：计算体积重：45 cm×25 cm×18 cm/5 000 cm^3/kg=4.05 kg。

包裹重量是 3.5 kg，体积重是 4.05 kg，所以选择体积重作为计费重量。因为体积重是 4.05 kg，按照国际快递行业计费惯例，最终计费重量为 4.5 kg。

第 2 步：查找目的国的地区编号。

在区域表中选定货件所发往的目的地的国家地区编号，如图 3.2.3 所示，陈帅查找到美国的地区编号是 16。

UPS 全球特快货运服务　全球快递世界区域表

（仅使用于海南省、广东省、广西省、云南省、福建省、江西省、湖南省和重庆市）

国家/地区		出口		进口	
		全球特快货运	全球特快货运日中送达服务	全球特快货运	全球特快货运日中送达服务
Argentina*	阿根廷*	18	-	18	-
Australia*	澳大利亚*	15	15	15	-
Austria*	奥地利*	17	17	17	-
Japan*	日本*	13	13	13	-
Korea, South	韩国	12	12	12	-
Kuwait	科威特	18	-	-	-
Liechtenstein*	列支敦士登*	17	-	17	-
Malaysia*	马来西亚*	14	14	14	-
Malta	马耳他	17	-	17	-
Mexico*	墨西哥*	16	16	16	-
United Arab Emirates	阿拉伯联合酋长国	18	18	18	-
United Kingdom*	英国*	17	17	17	-
United States*	美国*	16	16	16	-
Vietnam*	越南*	14	-	14	-

图 3.2.3　UPS 世界区域表

第 3 步：对应价格表寻找该国家或地区的收费标准，如图 3.2.4 所示。

出口 – UPS Worldwide Express® (UPS 全球特快服务®)

非文件包裹

货件重量/kg	地区 11	地区 12	地区 13	地区 14	地区 15	地区 16	地区 17	地区 18	地区 19
0.5	245	369	372	374	460	457	516	886	943
1.0	292	447	452	453	555	585	649	1,076	1,138
1.5	340	527	532	534	654	726	776	1,258	1,333
2.0	388	605	611	613	748	866	905	1,444	1,532
2.5	439	686	692	694	846	1,007	1,032	1,628	1,729
3.0	487	766	775	776	942	1,158	1,163	1,812	1,922
3.5	533	844	852	856	1,041	1,300	1,290	1,993	2,117
4.0	583	921	931	935	1,137	1,438	1,420	2,179	2,310
4.5	632	999	1,008	1,013	1,234	1,578	1,550	2,363	2,507

仅适用于海南省、广东省、广西壮族自治区、云南省、福建省、江西省、湖南省和重庆市。

费率以人民币计算并适用于从中国大陆始发的货件。

图 3.2.4　UPS 非文件包裹价格表

从表 3.2.4 中可以看出美国地区编号 16，收费标准是 4.5 kg 收费 1 578 元人民币，所以此件包裹的基本运费是 1 578 元人民币。

另外，其他的快递公司可能不会直接把不同重量的包裹的基本运费列表展示，而是采用以下公式进行计算：

$$标准运费 = 首重运费 + (重量(kg) \times 2 - 1) \times 续重运费$$

假设某快递公司从广东发往美国的首重费用是 300 元人民币 /0.5 kg，续重费用是 60 元人民币 /0.5 kg，货物重量为 3 kg，即为 1 个首重加 5 个续重，则标准运费为 300 元 +（3×2-1）× 60 元 =600 元人民币

第 4 步：计算包裹总费用。

除了标准运费外，快递公司的收费还有附加费用及包装费用等。

● 附加费用：快递公司会收取某些附加费用，比如：燃油附加费、偏远附加费、旺季附加费、超长超重附加费等，且快递公司可能会有折扣，标准运费和附加费用计入折扣。

● 包装费：一般情况下，国际快递公司免费包装，提供纸箱、气泡等包装材料，但一些贵重、易碎物品，快递公司还是要收取一定的包装费用的。包装费用一般不计入折扣。所以总费用的计算应采用以下公式：

$$总费用 = (标准运费 + 附加费) \times 折扣 + 包装费用 + 其他费用$$

※ 活动评价 ※

陈帅和同学们认为商业快递基本运费比较容易计算，很迅速地完成了企业导师交代的任务，信心满满。在计算运费时要区分体积重和实重，计费重量取包裹重量和体积重量二者较大一方。另除标准运费外，快递公司可能还会收取附加费和包装费用。同学们在计算跨境物流运费时要细心认真，避免出错。

活动 2　计算 E 邮宝运费

活动背景

随着国内电商的竞争日益激烈，国外电商市场正受到越来越多的电商企业的重视。跨境电商企业一方面要迎接竞争对手的厮杀，另一方面需要不断优化物流成本。中国邮政 E 邮宝就为众多的跨境电商企业带来了质优价廉的物流服务。SUNNY 外贸公司有一双童鞋要从深圳寄到美国，李经理安排陈帅负责计算 E 邮宝的运费。此款童鞋的包装重量为 0.2 kg，长 × 宽 × 高为 25 cm×15 cm×3 cm。

活动实施

□ 知识窗

国际E邮宝是针对轻小件物品的空邮产品，单件最高限重2 kg（俄罗斯最高可以运送 3 kg，英国5 kg），且有体积限制：单件邮件长、宽、厚合计不超过90 cm，最长一边不超过 60 cm。圆卷邮件直径的两倍和长度合计不超过104 cm，长度不得超过90 cm。最小尺寸：单件邮件长度不小于14 cm，宽度不小于11 cm。圆卷邮件直径的两倍和长度合计不小于17 cm，长度不少于11 cm。

第1步：陈帅首先判断此款童鞋是否符合 E 邮宝的体积和重量要求。

此款童鞋包装规格长 × 宽 × 高为 25 cm×15 cm×3 cm，重量 0.2 kg，符合 E 邮宝的体积重量要求。

第2步：通过网络查找 E 邮宝的资费表，如图 3.2.5 所示。

图 3.2.5　E 邮宝资费表

从图 3.2.5 中可以看出，E 邮宝配送到美国的费用标准首重 25.11 元每克，续重 0.11 元每克，总运费是 47 元。

※ 活动评价 ※

E 邮宝是邮政速递物流为适应跨境电商轻小件物品寄递需要推出的经济型国际速递业务，利用邮政渠道清关，进入合作邮政轻小件网络投递。单件限重 2 kg，主要路线参考时限 7～10 个工作日，价格实惠。但在选择 E 邮宝时一定要确保产品尺寸及重量符合 E 邮宝的要求。

活动3　计算海运运费和专线运费

活动背景

国际海运（International Ocean Freight）是国际贸易中最主要的运输方式，占世界贸易总运量的三分之二以上，我国绝大部分进出口货物，都是通过海洋运输方式运输的。海洋运输的运量大，海运费用低，航道四通八达，是其优势所在。但速度慢，航行风险大，航行日期不宜确定，是其不足之处。陈帅已经能熟练计算商业快递及国际 E 邮宝的运费，企业导师又给陈帅布置了计算海运运费和专线运费的任务。

活动实施

知识窗

1.国际海运简介

国际海运按照船舶的经营方式，可分为班轮运输和租船运输。班轮运输有固定的船期、航线、停靠港口和相对固定的运费率。租船运输是指企业租用整艘货轮进行运输。

跨境电商企业选择海运时一般采用班轮运输。班轮运输一般以集装箱运输为主，又可以分为整箱运输和拼箱运输。整箱运输是指整个集装箱内都是一个货物托运人的货物，托运人采用整箱运输时发货的速度要比拼箱运输快。拼箱运输是一个集装箱内集合了两个或以上的货物托运人的货物，由于物流公司通常都会尽量拼满整个集装箱货物后才发货，所以发货速度比较慢。

2.班轮运输费用组成

无论是整箱运输还是拼箱运输，班轮运输费用主要包括拖车费、报关报检费、海运基本运费和各种附加费。其计算方法也基本相同，不同之处在于运费价格。班轮运费中的附加费名目繁多，其中包括超长附加费、超重附加费、选择卸货港附加费、变更卸货港附加费、燃油附加费、港口拥挤附加费、绕航附加费、转船附加费和直航附加费等。

1.计算海运运费

国际海运是非常重要的运输方式，SUNNY外贸公司的企业导师认为公司人员应该要懂得国际海运运费的计算。于是给陈帅一个案例，让陈帅学习如何计算专线运费。

东莞兴茂贸易有限公司是一家专注于欧式家具的外贸公司，公司最近与英国买家签订了一份贸易合同。兴茂公司需在一个月内将30件各式家具发往英国SOUTHAMPTON港口。兴茂公司立马找到深圳飞越国际货运代理公司委托其做国际货运。飞越货代通过计算发现这30件家具总体积为40 m^3，总重量为21 t，需要一个40GP集装箱装运。

于是飞越货代给兴茂公司发了一份报价单：

出发地：东莞兴茂贸易有限公司

目的地：英国SOUTHAMPTON

货物：家具

集装箱：1*40GP

头程拖车费：东莞兴茂公司—深圳盐田港　2 200元人民币

报关报检费：300元人民币

海运CY—CY:深圳盐田港—英国SOUTHAMPTON

USD3600/40GP+TDIS　YT2/3　EAT 22天 COSCO

THC:码头操作费　1 050元人民币/40GP

DOC:文件费　300元人民币/单

ISPS:港口安全费　80元人民币/柜

SEAL:集装箱封条费　30元人民币/柜

即订购COSCO中远航运公司一个40GP舱位，YT2/3指船期是盐田港周二截关，周三开船，EAT22天指预计到达时间是22天，基本运输费用是1个40GP收费3600美元，附加费为TDIS。

所以此次兴茂公司应该支付的费用为：

USD3 600+CNY2 200+300+1 050+300+80+30即美金3 600+人民币3 960

注意：①不同船公司、不同航线收取的附加费可能会有所不同，应根据实际情况进行计算。②船公司船期表、价格表可在船公司官网获取。③不同国际货代公司报价会有差异。

2.计算专线运费

SUNNY外贸公司的企业导师认为公司以后也可能尝试通过专线物流来运输货物，工作人员应该要懂得专线物流运费的计算。于是企业导师给陈帅一个案例，让陈帅学习如何计算专线运费。

深圳彩虹玩具有限公司在速卖通平台上销售了一批不带电池的小玩具，买家收货地址为俄罗斯莫斯科，玩具包装后总体积为4.014 m³，重量为400 kg。彩虹公司询问了深圳远航货运代理有限公司，该公司给出了如图3.2.6所示的价格表。

俄罗斯空运双清包税（10~12天）		材积/6 000	
莫斯科-空运（KK）	21kg+	100kg+	500kg+	1 000kg+
	36	29	27	26

备注：深圳（广州）3天左右到绥芬河－清关3天左右到乌苏里斯克－2天左右到莫斯科，转其他城市加收USD1.5~3/kg

1.客户如需购买保险，保险费按货物申报价值的2%收取，最低收费标准USD10/票；丢失赔双倍运费；

2.易碎品、贵重物品，为了货物安全起见，请客户自行包装好。公司只对整票货的丢失、扣关负责，对货物的破碎、损坏则不负责任；

3.人民币全包价，目的地不加收任何费用。

可接电子烟，仿牌，不接纯电池及液体粉沫！衣服，鞋子，包包单询。

请在运单和交接单上备注（RU-KK）

图 3.2.6　专线运费表

第1步：计算体积重和实重，得出计费重量。

4.014 m³=4 014 000 cm³ 体积重为4 014 000/6 000=669 kg

重量为400 kg，所以计费重量为669 kg。

第2步：根据运费表计算运费。

运费=669×27=18 063元人民币

所以专线总费用为18 063+保险（如有）。

注意：不同专线运营公司收取的费用不同，以实际收费项目及收费标准为准。

※ 活动评价 ※

国际海运是目前国际贸易中最主要的运输方式，此种方式适合大批量货物集中出口运输，价格便宜，但时效性较低。国际海运所涉及的环节也比较多，各环节之间紧密相关，一个环节出现问题比如报关出现问题，极有可能导致航班延误一个星期，并且成本也会提高不少。专线物流极大满足了一些跨境电商企业的物流需求，但选择专线物流时，一定要选择信誉良好、实力强的物流公司,否则极有可能出现航班延误、清关不成功或赔偿不到位等问题。海运运费和专线运费的计算要严格按照物流公司提供的报价单来进行计算。

合作实训

　　SUNNY 外贸公司是一家主营婴儿童鞋的跨境电商公司,该公司主要在亚马逊平台售卖产品,主要目标市场是北美市场。公司在亚马逊平台上销售了 1 双男童鞋给美国纽约州的一位顾客;包裹包装尺寸长为 25 cm,宽为 13 cm,高为 7 cm,重量为 220 g,请计算 UPS 及 E 邮宝的运费。

任务3 >>>>>>>>>
辨识FBM和FBA

情境设计

　　亚马逊是全球最大的跨境电商平台,平台的活跃用户已经达到了 4 亿,在欧美主流发达国家市场占有率高,并且买家经济实力较强,黏性高,Prime 会员数已经超过 1 亿,规则也比较完善。众多跨境电商企业都选择亚马逊平台。所以,了解亚马逊,尤其是了解亚马逊的发货方式非常重要。陈帅在经过大量的资料搜集分析后发现亚马逊有三种发货方式,分别是 FBA、FBM 和第三方海外仓。但主要的发货方式为 FBA 和 FBM。FBA 和 FBM 的发货流程是怎样的,分别有什么优劣势,该如何选择,陈帅展开了探究。

任务分解

　　为更好地完成任务,企业导师决定把任务分成两个活动:
　　①区分 FBM 和 FBA。
　　②解析 FBA 费用构成。

活动 1　区分 FBM 和 FBA

活动背景

　　陈帅和同学们了解到亚马逊卖家有三种发货方式,分别是 FBA、FBM 和第三方海外仓。但主要的发货方式为 FBM 和 FBA。于是企业导师马上给同学们布置任务,要求同学们了解清楚 FBM 和 FBA 的内涵、发货流程、各自的优劣势,以及该如何选择。

活动实施

🔲 知识窗

1.FBM发货流程（见图3.3.1）

（1）小批量发货流程

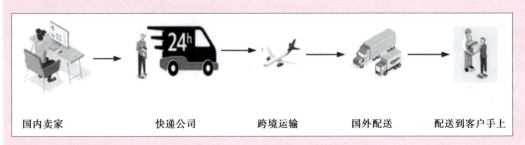

图 3.3.1　FBM 小批量发货流程图

　　FBM小批量发货甚至可发一两件货物，其发货流程比较简单，客户下单后，卖家寻找国际物流公司直接将货物运送到客户手上，但是不同物流公司的配送范围、配送时间以及收费标准等均有所不同，需要注意选择适合自己公司的物流公司。

（2）大批量发货流程（见图3.3.2）

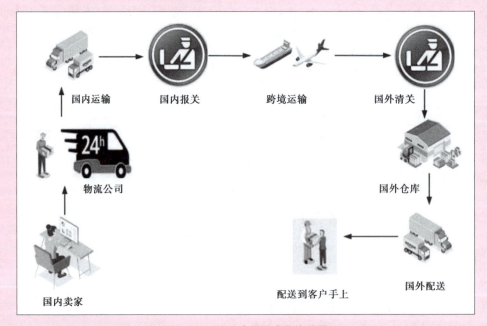

图 3.3.2　FBM 大批量发货流程图

　　FBM大批量发货的流程较复杂。客户下单后，卖家寻找物流公司委托运输，物流公司收到货物后，进行国内报关，并将货物运输到港口或机场，然后进行跨境运输，到达国外港口或机场后，还要进行货物的清关，运送到国外仓库然后进行配送，最终送到客户手上。

2.FBM优劣势分析

（1）FBM优势

①利润高。

亚马逊在全球购物网站平均客单价中最高，FBM因为由卖家自己发货，成本较易控制，利润就会比较高。

②风险低。

FBM是卖家自发货，不需要提前囤积大量产品，可减少压货成本，只有开单了卖家才去采购产品并发货，所以经营风险非常低。

③对物流的把控能力更强。

FBM卖家自主发货，不受仓储服务的限制，可以交叉检查客户的详细信息，更好地控制运输，避免运输的相关错误，并及时交付。

④自行操作空间更大。

卖家可以对商品进行精美地包装并在产品中添加任意惊喜礼物，卡片或手写信件，或任何可以使客户满意的小礼品。这些方法很大可能会赢得客户的心，从而增加卖家的好评，这是使用FBA做不到的。

（2）FBM劣势

①Listing曝光和排名比FBA表现差，较难赢得黄金购物车，没有Prime标志，很难争取到Prime会员的青睐。

②配送时间长，退换货比较麻烦。

③亚马逊实行严格的客户服务和运输政策，使用FBM，卖家需要拥有99%或以上的按时交货率，这些要求对卖家来说有些苛刻。

④更少的营销时间。卖家不仅需要在运营上花费大量的时间，还得在物流发货及后期的售后方面花费一定的时间，精力将会比较分散，无法集中精力运营店铺。

3.FBA发货流程

（1）小批量发货流程（见图3.3.3）

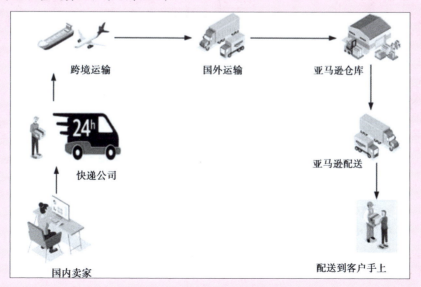

图 3.3.3　FBA 小批量发货流程图

FBA小批量发货的流程为：卖家在客户下单前就寻找物流公司进行运输，物流公司将产品跨境运输到国外并送到亚马逊仓库，由亚马逊仓库代为储存保管。客户下单后，亚马逊仓库将代卖家进行分拣、包装等并配送到客户手上。

（2）大批量发货流程（见图3.3.4）

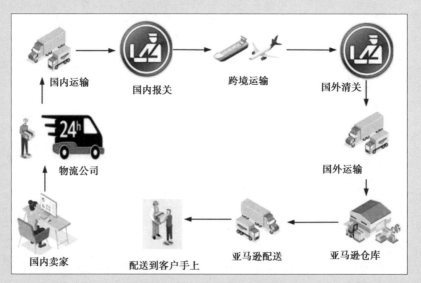

图 3.3.4　FBA 大批量发货流程图

FBA大批量发货的流程为：客户下单前，卖家寻找物流公司委托运输，物流公司收到货物后，进行国内报关，并将货物运输到港口或机场，然后进行跨境运输，到达国外港口或机场后，还要进行货物的清关，并运送到亚马逊仓库，此时由亚马逊仓库代为储存保管。客户下单后，亚马逊仓库将代卖家进行分拣、包装等并配送到客户手上。

4.FBA优劣势分析

（1）FBA优势

采用亚马逊FBA方式发货，可将繁杂的物流和后勤工作交给亚马逊，为卖家节省大量的人力、物力，集中主要精力拓展全球销售业务。

①提高商品销量。

选择亚马逊FBA，商品的曝光度和竞争力都将有所提升，可以提高Listing的排名从而帮助商家成为高质量卖家以获得更多流量；商品将能够享受Amazon Prime、免费配送（对于满足条件的商品）以及其他多项优势，这有助于提高商品销量、提升卖家的竞争力，并且FBA服务还能够提高用户的信任，获得买家的关注和收藏。

②专业的物流服务。

选择FBA，可以享受亚马逊专业的仓储服务及一流的配送服务，安全性有保障。作为选择FBA的卖家，亚马逊会以卖家的名义处理交付货物，提供良好的包装及便利的退换货服务，一切的售后问题都将由FBA承担。卖家使用亚马逊FBA后，亚马逊将以卖家销售商品的各个亚马逊商城本地的语言为买家提供其备受赞誉的全天候客户服务。

③配送时间快。

FBA的发货时间很快。因为亚马逊FBA的仓库范围很广,所以能够第一时间发货,极大缩短了客户下单到收到货物的时间,能极大提升消费者满意度,还能够促成多次交易。

④更容易获得黄金购物车。

使用亚马逊的FBA服务,亚马逊平台会给予卖家一些隐形的优惠政策,如更容易获得黄金购物车等。如果因为物流原因而产生差评,亚马逊平台会帮卖家抹除。

⑤销售不间断,轻松享假期。

借助亚马逊FBA假期设置,卖家甚至可在度假期间继续进行销售。

⑥吸引高质客户。

如果商家选择FBA,那商家将更有资格吸引高质量的用户——Prime会员。

（2）FBA劣势

①亚马逊的仓库管理比较严格,对进入仓库的货物要求很多。如果前期工作没做好,标签扫描就会出问题进而影响货物入库,甚至入不了库。

②退货率容易提升。客户想退货就可以退货,不需要有太多的沟通,这会给卖家带来不少困扰,增加压货成本。

③资金压力大,风险较高。采用FBA发货,需要提前准备大批量的货物放在FBA仓库,资金被占用,运营风险也被成倍放大。如大批货物压在FBA仓库,账号被限,Listing收到差评导致销量下降等,此时卖家的风险就非常高。且FBA需要支付仓储费、配送费等费用,费用比FBM高。

④新手无利可图。如果卖家是新手,或者一个月内销售少量产品或利润较低的产品,那么选择FBA将不是明智的选择。

?? 想一想

通过以上的学习,同学们发现FBM的发货流程比FBA的发货流程要简单,那为什么很多亚马逊的卖家,特别是规模比较大的卖家都做FBA呢?

◎填一填◎

通过网络搜索,对FBM和FBA的定义、发货流程、优劣势进行深入的调查,并填写表3.3.1。

表 3.3.1　FBM 和 FBA 的对比

配送方式	定　义	优　劣	劣　势	适用情况
FBM				
FBA				

?? 想一想

同学们通过学习已经知道了FBA和FBM各自的优劣势,能够根据不同的情况选择合适的发货方式。如果卖家在创业初期选择做 FBM, 那么他是否能够获得黄金购物车? 如果可以的话, 是通过什么方法?

※ 活动评价 ※

FBM 的风险低, 费用低, 回款周期较长, 成长周期比 FBA 更长, 适合新手试错。FBA 能让卖家集中精力做推广营销, 更容易销售产品, 但相对地运营难度和成本也会更高, 风险较大, 卖家要根据自己的发展阶段去选择适合自己的方式。

活动 2　解析 FBA 费用构成

活动背景

做亚马逊 FBA 能够给跨境电商卖家带来许多的优势, 帮助卖家提升销量和竞争力, 但是 FBA 的流程比较复杂, 费用比较高, 费用项目众多, 一些费用稍微不注意就会产生罚款, 所以每位亚马逊电商卖家都应该关注亚马逊 FBA 相关规则及费用项目, 了解项目的收费标准及方法, 避免不必要的损失。企业导师发了一款童鞋的信息给陈帅和同学们, 让同学们算清楚这款童鞋的 FBA 费用。此款童鞋包装尺寸为 15.0 cm ×10.0 cm×5.0 cm, 包装重量为 0.1 kg。

活动实施

▣ 知识窗

1. 亚马逊尺寸分段术语表

小号标准尺寸: 任何包装后的重量不超过16盎司(1盎司≈28.35 g)、最长边不超过15英寸(1英寸=2.54 cm)、最短边不超过0.75英寸且次长边不超过12英寸的商品。

大号标准尺寸: 所有包装后重量不超过20 磅(1磅≈0.45 kg)、最长边不超过18英寸、最短边不超过8 英寸且次长边不超过14英寸的商品。

小号大件商品: 任何包装后重量不超过70磅、最长边不超过60英寸、次长边不超过30英寸且最长边加围度不超过130英寸的商品。

中号大件商品: 任何包装后重量不超过150磅、最长边不超过108英寸且最长边加围度不超过130英寸的商品。

大号大件商品: 任何包装后重量不超过150磅、最长边不超过108英寸且最长边加围度不超过165英寸的商品。

特殊大件商品: 任何在包装后符合以下一项或多项条件的商品: 超过150磅(商品重量或体积重量)、最长边超过108英寸或最长边加围度超过165英寸。此外, 确定需要特殊处理或配送的商品也属于特殊大件商品。

次长边: 既不是最长边也不是最短边的商品尺寸。

围度: 按以下公式计算得到的商品尺寸: 2×(次长边 + 最短边)。

商品重量: 单件商品的重量。

2. FBA 费用构成

采用FBA方式时, 主要分为两部分的费用。

●第一部分为头程费用：即产品从国内发到亚马逊仓库所需费用，此费用的计算方式与FBM方式相似，只需要把收货地点改为亚马逊仓库即可。

●第二部分为FBA费用：包括配送费用、仓储费用等。配送费用是指亚马逊向买家配送在亚马逊店铺购买的商品而按件收取的费用。该费用因商品的分类、尺寸和重量而异。

1. 判断童鞋的尺寸分段

此款童鞋的包装尺寸为 15.0 cm×10.0 cm×5.0 cm，即 6 英寸 ×4 英寸 ×2 英寸，重量为 0.1 kg，即 0.22 磅，属于大号标准尺寸商品。

2. 计算配送费用

第 1 步：打开亚马逊卖家后台，查看配送费用表，如图 3.3.5 和 3.3.6 所示。

2021 年 6 月 1 日及之后		
尺寸分段	发货重量（今后不再计算包装重量）	每件商品的配送费用[1]
小号标准尺寸	不超过 6 盎司	$2.70
	6 至 12 盎司（不含 6 盎司）	$2.84
	12 至 16 盎司[2]（不含 12 盎司）	$3.32
大号标准尺寸	不超过 6 盎司	$3.47
	6 至 12 盎司（不含 6 盎司）	$3.64
	12 至 16 盎司[2]（不含 12 盎司）	$4.25
	1 至 2 磅（不含 1 磅）	$4.95
	2 至 3 磅（不含 2 磅）	$5.68
	3 至 20 磅（不含 3 磅）	$5.68 + $0.30/磅（超出首重 3 磅的部分）
小号大件商品	不超过 70 磅	$8.66 + $0.38/磅（超出首磅的部分）
中号大件商品	不超过 150 磅	$11.37 + $0.39/磅（超出首磅的部分）
大号大件商品	不超过 150 磅	$76.57 + $0.79/磅（超出首重 90 磅的部分）
特殊大件商品	超过 150 磅	$138.11 + $0.79/磅（超出首重 90 磅的部分）

图 3.3.5　非服饰类配送费用表

2021 年 6 月 1 日及之后		
尺寸分段	发货重量（今后不再计算包装重量）	每件商品的配送费用[1]
小号标准尺寸	不超过 6 盎司	$3.00
	6 至 12 盎司（不含 6 盎司）	$3.14
	12 至 16 盎司[2]（不含 12 盎司）	$3.62
大号标准尺寸	不超过 6 盎司	$3.87
	6 至 12 盎司（不含 6 盎司）	$4.04
	12 至 16 盎司[2]（不含 12 盎司）	$4.65
	1 至 2 磅（不含 1 磅）	$5.35
	2 至 3 磅（不含 2 磅）	$6.08
	3 至 20 磅（不含 3 磅）	$6.08 + $0.30/磅（超出首重 3 磅的部分）

图 3.3.6　服饰类配送费用表

第 2 步：计算配送费用。

童鞋属于服饰类，且此款童鞋为 0.1 kg，即 3.5 盎司，大号标准尺寸，不超过 6 盎司，对应的配送费用为 3.87 美元。

3. 计算亚马逊增值费用

（1）合仓费

合仓费是最常用的增值服务。发 FBA 很容易导致分仓，增加物流成本。若设置合仓功能，即 Inventory Placement Service，那么每件商品需要收取至少 0.3 美元的额外费用；若你需要发 100 件，即 100 件 ×0.3 美元 / 件 =30 美元合仓费。

（2）亚马逊代贴标服务

有些卖家为了省时间，不是自己贴标签而是交由亚马逊仓库代贴标签，这时候亚马逊会收取一定的费用，一般一个标签收取 0.2 美元。

（3）仓储费

仓储费包括月库存仓储费用、长期仓储费用（FBA Long-Term Storage Cost）。

这里需要特别注意隐藏费用，假如产品没有销售出去，放置时间超过 6～12 个月，会产生额外费用；假如超过 12 个月，会产生更多额外费用。一般情况下亚马逊在每年的 2 月 15 日和 8 月 15 日这两个固定日期收取此项费用。

?? 想一想

同学们通过学习知道做 FBA 时，头程运输是由卖家自寻物流服务提供商进行运输的，那么亚马逊是否能提供头程运输的服务呢？

※ 活动评价 ※

FBA 有利于卖家提升竞争力，促进销售。FBA 所能提供的服务也比较齐全，卖家可以集中精力进行产品的推广。但 FBA 规则多，收费细节等也需要特别注意，所以卖家应该对 FBA 做全面了解，避免不必要的犯错。

合作实训

某款童鞋包装尺寸为 20.0 cm×15.0 cm×8.0 cm，包装重量为 0.3 kg，请计算此款童鞋的 FBA 配送费用。

项目总结

国际物流与跨境电商是相辅相成、相互促进的。通过本项目的学习，陈帅了解了常见的 4 种物流方式即邮政类、快递类、专线类和海外仓，明确要针对自身产品特性、物流价格、物流时效、安全性、顾客需求、公司目标等综合考虑选择适合自身的国际物流方式。陈帅通过学习还理解了 FBM、FBA 各自的含义、发货流程、FBM 和 FBA 的优劣势、FBA 费用构成，掌握了不同物流方式的国际物流费用的组成及计算国际物流费用的方法。

同学们在学习了此项目的内容后，就能自主把握跨境电商中非常重要的物流环节，为今后工作及创业提供可靠的物流知识保障，能够选择合适的物流方式及物流服务商，最大限度节省成本，降低物流风险。

项目检测

1. 单项选择题（每题只有一个正确答案，请将正确的答案填在括号中）

（1）卖家做 FBA 时，如果一个客人下了一个订单，买 3 件商品，那么取件及包装费用需要收取（　　）次。

    A.1 次　　　　　B.2 次　　　　　C.3 次　　　　　　　　D.4 次

（2）DHL、UPS、TNT、FedEx 这四家快递公司接收 21 kg 以下货物时按照每（　　）收费。

    A. 克　　　　　B. 斤　　　　　C. 千克　　　　　　　D.0.5 千克

(3)中国邮政推出的邮政产品中,通邮范围最广的是(　　　)。

    A.E 邮宝　　　B.E 包裹　　　C.邮政小包　　　D.E 速宝

(4)以下哪项不是 FBM 的优势?(　　　)

    A.利润高　　B.配送时间快　　C.物流的把控能力更强　　D.风险低

(5)以下哪项不是 FBA 的劣势?(　　　)

    A.退货率容易提升　　　　　　B.风险较高

    C.费用较高,资金压力大　　　D.降低客户信任度

2. 多项选择题(每题有两个或两个以上的正确答案,请将正确的答案填在括号中)

(1)国际著名的国际物流服务商有(　　　　　)。

    A.跨速物流　　B.TNT　　　C.中国邮政　　　D.DHL

(2)以下哪项是选择国际物流公司时需要考虑的因素?(　　　　　)

    A.时效性　　B.运价　　　C.匹配度　　　D.丢失率和保险索赔

(3)亚马逊主要的发货方式有(　　　　　)。

    A.FBM　　B.FBA　　　C.海外仓　　　D.中国邮政

(4)FBM 国际物流费用主要由(　　　)组成。

    A.运费　　B.附加费　　　C.包装费用　　　D.仓储费用

(5)以下哪项不是 FBA 国际物流费用?(　　　　)

    A.燃油附加费　B.订单处理费　　C.重量处理费　　D.取件及包装费

3. 判断题(正确的画"√",错误的画"×")

(1)FBA 的物流费用必然比 FBM 的物流费多。　　　　　　　　　　(　　)

(2)选择做 FBA,则产品的配送费用都是全免的。　　　　　　　　　(　　)

(3)采用 FBA 时,亚马逊可以作为收货商并提供清关服务。　　　　(　　)

(4)卖家不做 FBA 就没有资格获得黄金购物车。　　　　　　　　　(　　)

(5)卖家在选择物流服务商时应选择运价最低的物流服务商。　　　(　　)

4. 简述题

(1)简述 FBM、FBA 的发货流程。

(2)选择物流服务商时需要考虑的因素有哪些?

(3)FBA 与 FBM 各有哪些优缺点?

5. 趣味挑战题

SUNNY 外贸公司是一家主营童鞋的传统出口型外贸企业,公司产品单价在 20～36 美元。公司近年来的国际贸易受到了跨境电商的冲击,营业额受到了一定的影响。公司为此决定调整经营方向,选择了亚马逊电商平台进行跨境电商业务。SUNNY 外贸公司的产品主要为童鞋,鞋子的包装尺寸长 26～30 cm,宽 12～18 cm,高 6～9 cm,含包装的重量在 200～300 g。请问:

(1)SUNNY 外贸公司在做亚马逊的初期选择哪种物流方式比较好?请说明理由。

(2)假设有一美国洛杉矶客户下单购买了两双童鞋,鞋子包装尺寸:长为 26 cm,宽为 12 cm,高为 6 cm,重量为 600 g,请分别计算选择 E 邮宝和 DHL 快递时的 FBM 物流费用。

项目 4
确定上架的商品

【项目综述】

SUNNY 外贸公司是一家跨境电商公司，其主营平台是亚马逊平台。亚马逊平台是全球知名的跨境电商平台，无论从市场规模、平台规范，还是从卖家发展空间、利润空间来看，都是值得跨境电商卖家优先考虑的平台。部门负责人组织陈帅和他的同学们通过数据分析，结合公司所在的地区产业以及公司的经营范围，最终锁定亚马逊店铺要打造的是以经营童鞋为主、亲子系列服饰以及相关配件的店铺。

虽然说现在的跨境电商行业属于新兴市场，发展潜力巨大，但是要经营好亚马逊店铺，还需要从产品本身着手，从产品编码的获取到分析影响产品销售的因素再到研究选品的方法，一步一步地进行分析和研究，从而确定在平台上架的产品。

【项目目标】

通过本项目的学习，应达到的具体目标如下：

知识目标

◇了解不同产品编码的定义和用途

◇了解影响产品销售的因素

◇认识和了解多种选品方法

能力目标

◇能获取和设置产品编码

◇能分析不同市场中影响销售的因素

◇能熟练掌握选品的方法

素质目标

◇具备自主探究的能力

◇具备良好的沟通能力与团队意识

【项目思维导图】

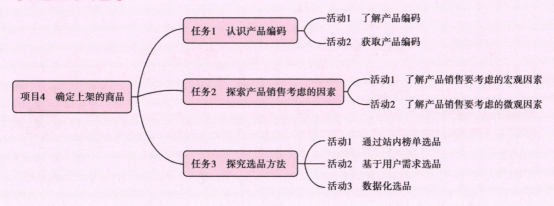

任务1 >>>>>>>>>
认识产品编码

情境设计

由于亚马逊是国外的跨境网站，因此在开始亚马逊之旅之前，需要了解亚马逊的一些要求，才能更有效地开展跨境业务。亚马逊平台有自己专属的产品编码规则，这种类似"身份证"的唯一编码，可以增进产品资料的准确性，提高产品管理的效率。要经营店铺，就要先从产品编码开始，为产品的上架做好准备。陈帅对产品的编码不太了解，他在企业导师的指导下展开了探索。

任务分解

为了帮助陈帅更好地完成任务，企业导师将任务进行了分解：
①理论知识学习——认识和了解产品编码。
②实际操作——获取产品编码。

活动 1　了解产品编码

活动背景

根据亚马逊平台的要求，卖家在分类发布大部分商品时，都需提供制造商的标准商品编码。陈帅每次看到亚马逊这些编码都一头雾水，完全不知所云，看到一个必须要去查询一下。他决定要先从亚马逊常见的产品编码开始了解。

活动实施

🔲 知识窗

1.SKU

SKU（Stock Keeping Unit）指商品库存进出计量的基本单元，可以是以件、盒等为单位，由数字或字母组成，也可以是由两者混合搭配组成。每款商品都有一个SKU，其作用主要是便于卖家识别商品。当一个产品有不同的颜色、尺寸等多个属性时，就有多个SKU。比如一件衣服，有黑、白、灰3种颜色，每种颜色都有S、M、L三个码数，那么这款衣服就有9个SKU。在亚马逊平台中，不管是自建新品还是跟卖已有产品，都需要一个对应的SKU，每个店铺中的SKU不允许重复，这是亚马逊卖家管理产品的唯一标识。

2.FNSKU

FNSKU是FBA的产品标签编码，只有做FBA的产品才会有，一个做FBA的产品SKU对应一个FNSKU。

3.UPC码（Universal Product Code）

在亚马逊上传产品时，大多数类目均要求卖家使用所需的特定GTIN（全球贸易项目代码，有UPC、EAN、JAN或ISBN等类型），最常使用的是UPC。

UPC码是美国统一代码委员会制定的一种商品用条码，主要用于美国和加拿大地区。UPC条码也有标准版和缩短版两种，标准版由12位数字构成，缩短版由8位数字构成。

标准版的UPC12的编码结构为：系统码（1位）+厂商码（5位）+商品码（5位）+校检码（1位），如图4.1.1所示。

4.EAN码

EAN码（European Article Number）是国际物品编码协会制定的一种商品用条码，通用于全世界。我国的通用商品条码与其等效，我们日常购买的商品包装上所印的条码一般就是EAN码，如图4.1.2所示。亚马逊规定，要在亚马逊上传商品时需要相对应的条码，UPC码或者EAN码都行。

图 4.1.1　UPC 码

图 4.1.2　EAN 码

5.GCID码

产品只有在亚马逊平台进行品牌备案，才会获得GCID码（Global Catalog Identifier，全球目录编码），这是亚马逊自动为商品分配的唯一商品编码。在亚马逊平台上传产品，卖家就必须提供UPC码\EAN码，但如果卖家品牌备案成功后分配到GCID码，则无需再购买UPC码或EAN码。

6.ASIN码

ASIN码（Amazon Standard Identification Number）是亚马逊自己的商品编号，由亚马逊系统自动生成的，不需要卖家自行添加。ASIN码相当于一个独特的产品ID，在亚马逊平台上具有唯一性。在平台前端和卖家店铺后台都可以使用ASIN码来查询到产品，如图4.1.3所示。

基本信息

商品尺寸：27.94 cm x 10.16 cm x 17.78 cm; 368.54 克
制造商：PU▦▦
ASIN：B07F263HLP
型号 / 款式：36945201
部门：女士
亚马逊热销商品排名：鞋靴商品里排第2,093名 (查看鞋靴商品销售排行榜)
第243位 - 女士休闲运动鞋
用户评分：☆☆☆☆☆ ⌄　17 星级

图 4.1.3　ASIN 码

7.ISBN码

国际标准书号（International Standard Book Number, ISBN），是专门为识别图书等文献而设计的国际编号。2007年1月1日起，实行新版ISBN，由13位数字组成，即在原来的10位数字前加上3位EAN（欧洲商品编号）图书产品代码"978"，如图4.1.4所示。

Product details

Publisher : Threshold Editions (July 13, 2021)

Language : English

Hardcover : 320 pages

ISBN-10 : 150113597X

ISBN-13 : 978-1501135972

Item Weight : 14.4 ounces

图 4.1.4　ISBN 码

8.ISSN码

ISSN（International Standard Serial Number, 国际标准连续出版物编号），是根据国际标准ISO3297制定的连续出版物国际标准编码，其目的是使世界上每一种不同题名、不同版本的连续出版物都有一个国际性的唯一代码标识。一般是连载的杂志需要申请ISSN码。

🔎查一查

在亚马逊平台上找到 ASIN 码或 ISBN 码。

第1步：打开亚马逊官网。

第2步：在搜索框任意输入一款商品名称。

第3步：打开商品详情页，在 Product Details 项目下找到 ASIN 码或 ISBN 码。

◎填一填◎

比较各种编码的定义及用途，并填写表 4.1.1。

表 4.1.1　各种编码的比较

	SKU	FNSKU	UPC	EAN	GCID	ASIN	ISBN	ISSN
定义								
用途								

※ 活动评价 ※

陈帅了解到亚马逊有很多编码，其中 SKU 是卖家自己对每款商品进行的编码，方便识别。在亚马逊上传商品时，大多数类目均要求卖家使用 UPC 或 EAN 码。ASIN 码是亚马逊自动生成的商品唯一编码，在平台前端和卖家后台都可以使用 ASIN 码来查询到产品。而针对出版物又有 ISBN 和 ISSN 码，陈帅现在对各种编码了然于胸，收获满满。

活动2　获取产品编码

活动背景

陈帅经过一段时间的查阅和学习，已经了解亚马逊平台上的产品编码。可仅仅只知道有这些产品编码还远远不够，还需要了解如何获取这些编码。企业导师让陈帅进一步熟悉产品编码的不同获取方式。

活动实施

□ 知识窗

1.SKU码的编写

SKU码一般由卖家自行编写。关于SKU的编写规则，亚马逊并没有严格要求，卖家在刊登产品时，在SKU一栏可由卖家自己填写。如果不填写的话，亚马逊系统会自动分配。不过，为了方便日后管理产品，卖家最好还是根据自己的管理习惯或者商品特性来进行SKU的编写，遵循原则：统一格式、统一含义、简明扼要。

2.UPC码与EAN码的获取

卖家可以在国际物品编码中心，中文网站中进行购买。卖家还可以选择在淘宝上购买UPC/EAN码。这里需要特别注意的是，卖家要确保所购买的条码是有效的。一般在正规机构购买的条码都会带有证书，而且是没有被注册过的，可以正常使用。如果是通过条码生成器生成的条码，很有可能在运营中因为重复导致产品上传失败。

📎 做一做

请为以下的商品编写 SKU 码。

产品名称：女童连衣裙　　　　货号：ST01

尺码：100、110、120、130　　颜色：红、白、蓝

📎 做一做

购买 UPC 码。

第 1 步：打开淘宝网，输入 UPC 码，查询卖家，如图 4.1.5 所示。

第 2 步：对搜索到的卖家进行比较，选择合适的卖家购买一个 UPC。

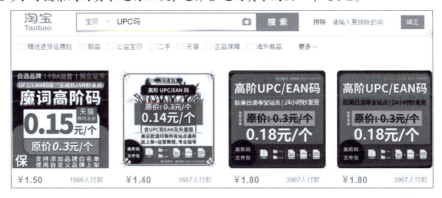

图 4.1.5　淘宝搜索 UPC 卖家图

※ 活动评价 ※

获取产品编码其实并不难，多熟悉、多操作就可以，这也是新手入门必须要掌握的内容。陈帅已经基本掌握了亚马逊平台的商品编码获取途径。

合作实训

分组，以小组为单位选定一款商品，阐述这款商品涉及的编码和获取编码的方法，并制作成 PPT，上台展示。

任务2 ⟫⟫⟫⟫⟫
探索产品销售考虑的因素

情境设计

SUNNY 外贸公司在亚马逊要打造的是以经营童鞋为主、亲子系列服饰以及相关配件的店铺，现在把目光瞄向了欧美市场。企业导师交待陈帅，让他对欧美市场进行调查，了解影响产品销售的因素，从而分析公司的产品是否适合进入欧美市场。

任务分解

陈帅在学校里学习过市场营销的课程，他知道要进行市场的分析调查，就要先从环境因素开始了解，包括宏观因素和微观因素。因此他就从以下这两个活动进行资料收集。

①了解产品销售要考虑的宏观因素。

②了解产品销售要考虑的微观因素。

活动1 了解产品销售要考虑的宏观因素

活动背景

> 每个产品的销售都受经济环境、政治法律、自然环境、社会文化等宏观因素的影响。对于跨境电商公司来说，宏观因素中的地域性，特别是一些地域的气候、人文特点，都会对这个产品的销售产生不小的影响。接下来，陈帅开始研究具体有哪些宏观因素会对产品销售产生影响。

活动实施

📖 知识窗

产品销售要考虑的宏观因素

1.气候特征

分析销售市场所在国家的气候特征，可以为我们销售产品带来一定的帮助。

例如，有一款"户外防雨烧烤架"的产品，在正常人的理解范围内，既然下雨了，就不要去户外烧烤了。但这种产品还是出现了，并且还很好销售，这是为什么？因为这个产品主要是销往英国。英国的气候是温带海洋性气候，它的特征就是温润潮湿，随时可能下雨，所以这种产品就是为了应对英国的这种气候而出现的。如果一家工厂能够开发出适应当地气候的产品，这样的产品很可能就成为利润款。所以，如果要做某个区域的市场，分析这个区域的气候特征十分必要。

2.公共节假日

我们需要考虑销售市场所在国家的公共节假日。因为在国外没有那么多的人设节日，所以这些公共节假日就很关键，卖家需要在这些节假日来临之前做一些促销准备。

3.季节适用性

我们还需要分析产品的季节适用性，搞清楚什么季节卖什么，了解自己的产品在什么季节应该投入多一点的精力，广告的投入、测评人的招募等都需要在当前产品旺季来临之前做好准备。

这里不得不提一下反季销售的可能性。按照正常逻辑，像泳衣、沙滩裤这类夏天的产品，不会在冬天进行大量铺货。但其实像泳衣这类产品，在美国市场，在我们想当然的淡季里其实却有着还不错的搜索量。加上线下商城在此时难以买到夏季产品，这类反季节产品在冬天有一个不错的销量。

这和美国人的生活习惯及地理有关。美国是一个国土面积比较大的国家，并且海岸线绵长，所以美国人习惯在冬天来到温暖的沙滩度假。

4.不同区域人的生活习性

做跨境电商，还需要分析销售市场所在地域的人的生活习性。例如，美国人天生喜欢一些户外运动、探险，所以各类户外运动的产品销量在美国非常好卖，卖家也非常多。如图4.2.1所示。

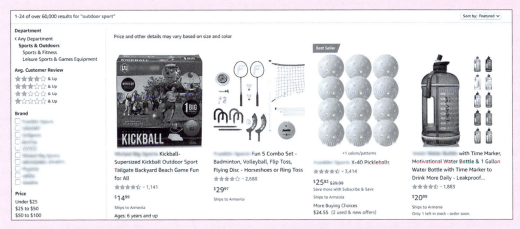

图 4.2.1　户外运动产品

5.人群购买力

每个国家的贫富程度不一样，这就决定了我们需要考虑把什么样价位的产品卖去什么样的国家。可以通过观察这个国家的主流购物网站产品的价格，做一个参考，这样就能知道这个价位的产品在这个国家是否会有好的销量。特别是对一些经济欠发达的地区，这一点尤其重要。

6."一带一路"经济区

2015年3月28日，国家发展改革委、外交部、商务部联合发布了《推动共建丝绸之路经济带和21世纪海上丝绸之路的愿景与行动》，依靠中国与有关国家既有的双多边机制，借助既有的、行之有效的区域合作平台，"一带一路"旨在借用古代丝绸之路的历史符号，高举和平发展的旗帜，积极发展与沿线国家的经济合作伙伴关系，共同打造政治互信、经济融合、文化包容的利益共同体、命运共同体和责任共同体。"一带一路"经济区开放后，承包工程项目突破3000个，截至2021年1月30日，中国与171个国家和国际组织，签署了205份共建"一带一路"合作文件。做跨境电商时应多了解和考虑"一带一路"的政策方针，对于开拓市场及公司发展十分有利。

聚焦时政：构建人类命运共同体，这是中国给出的答案

🔍查一查

了解美国市场的气候特征和当季热销商品。

第1步：打开百度等搜索引擎，了解美国的气候特征。

第2步：进一步搜索信息，了解每个季节最畅销的商品有哪些，并填写表4.2.1。

表 4.2.1　美国气候特征和当季商品

季　节	气候特征	当季商品
春季		
夏季		
秋季		
冬季		

◎填一填◎

整理美国的全年节假日并形成列表，见表 4.2.2。

表 4.2.2　节假日热销产品

日　期	节假日	热卖产品

※ 活动评价 ※

　　陈帅通过调查，了解到每个产品的销售都有其地域性，特别是一些地域的气候、人文特点、生活习性、人群购买力等都会对销售产生不小的影响。节日营销也很重要，在节日到来前做好备货及促销的准备，才能提高销售量。

活动 2　了解产品销售要考虑的微观因素

活动背景

　　通过对宏观因素的调查，陈帅发现童鞋、亲子系列服饰以及相关配件符合美国市场的地域因素。也就是说，大环境没有太大的问题。现在就是要研究更具体细致的因素——微观因素。

活动实施

□ 知识窗

产品销售要考虑的微观因素

1.找到产品的上游供应商

进货价会成为制约我们选品的一个重要因素。同样的产品，如果别人的进货价低十几元，那么我们在亚马逊很可能就竞争不过别人。虽然价格不是亚马逊上影响成交的唯一要素，但不可否认的是，价格是比较重要的一个因素。所以，需要筛选产品的上游供应商。

人们喜欢扎堆，工厂也一样，很多地方有非常多的生产相同或者类似产品的厂家聚集，久而久之，这种地方就形成了一个此类产品的产业带。在产品的产业带上选择自己想做的产品，选到好产品的概率就要比其他地方高很多。

2.选择市场容量巨大的产品

卖家选择市场容量大的产品，才有可能在跨境电商平台上获得不错的销量。如果卖家不幸选择了市场容量小的产品，可能就算做到类目的大卖，销售量也不是很大。

3.竞争较小的产品

如果用户需求多且供应少，利润就会增加。当某款产品属于该类型，并且在售的卖家数量较少，就是非常有利的。

4.产品的体积重量

产品的大小和重量会直接影响到库存成本和物流运输，对同一件产品而言尺寸也会影响到顾客的使用体验，因此合适的产品尺寸对打造爆款而言十分重要。产品尽量选择体积小、重量轻的产品，避免海运。

5.产品的定价

黄金价格段在15~20美元。任何售价超过50美元的产品都不在顾客的"冲动购买范围"，或许更高的利润可以弥补销售量的不足，但这也仅限于一定的范畴。

6.非季节和节日性的产品

季节和节日性的产品只适合特定时间售卖，那时会大赚一笔，例如：只能在春季销售的复活节彩蛋以及只能在冬天售卖的圣诞树。能够全年稳定销售的产品不仅可以降低业务风险，也会有更多的数据反馈，以便于卖家及时做相关调整。

7.产品生命周期

选择一些产品生命周期长、轻售后的产品，可以增长上架销售时间、降低成本，避免生产过程过于复杂或时长过久的产品。

8.避免侵权

确保产品没有任何法律问题，坚决避免触碰侵权产品，例如需要认证或专利的产品要慎重考虑。一旦发生侵权，资金的损失是一方面，还会制约以后运营的方方面面。

⌕查一查

找出中国比较知名的产业带,并填写表 4.2.3。

表 4.2.3 产业带

产　品	产业集聚地	产　品	产业集聚地	产　品	产业集聚地

✎做一做

从影响产品销售的微观因素出发,以小组为单位,讨论 SUNNY 公司的童鞋选品是否合适,并以小组为单位汇报讨论结果。

※ 活动评价 ※

根据陈帅的调查结果,SUNNY 公司可以深入福建、广州等地挖掘供应商,以保证货源的存量。通过对主流购物网站的信息收集,美国市场前景还是十分明朗的,该市场消费者的购买力不容置疑,而且具有明显的成本优势。

合作实训

各国文化传统大比拼:分组,每小组选定一个国家,搜集关于该国家文化传统的图片及资料,并制作成 PPT,上台分享。

任务3 >>>>>>>>
探究选品方法

情境设计

企业导师告诉陈帅,SUNNY 外贸公司已经找到了合适和充足的货源,但是不能一窝蜂地把所有的产品都上传到店铺上,而是要静下心来对店铺的产品进行分析,定位目标人群。跨境电商是从传统外贸演变过来的,跨境电商七分在选品,三分靠运营。如果卖家有好的产品,不仅成功了一半,而且领先了其他卖家很多。于是陈帅着手对选品进行分析和探究。

任务分解

无论是亚马逊还是速卖通,各平台的流量都是个性化搜索点击流量,进店访客已经是标签化的流量。平台已经在帮我们筛选人群,那么我们就是要清楚明确自己的产品符合什么人群的需求,以及这些人群有什么消费需求。因此,根据亚马逊平台的特点,陈帅决定从以下 3

个活动进行选品的探索：

①通过类目 Best Sellers（最畅销品）等选品。

②基于用户需求选品。

③数据化选品

活动 1　通过站内榜单选品

活动背景

选品的目的不同，选品的定位就不同。如果要增加销售额，就主打跑量款。如果是为了提高毛利率，则选择利润款等。选品应该选什么？陈帅跟很多人一样，选品的时候都会非常犹豫，不知道该如何下手。陈帅早就听闻亚马逊平台有各种榜单，不知这些榜单对选品有没参考价值呢？陈帅打开亚马逊平台，希望在平台上找到答案。

活动实施

🔲 知识窗

有些卖家觉得TOP100 Best Sellers虽然销量好，但同时也是众多卖家所关注的对象，其竞争也是激烈的。有类似想法的卖家还可以关注四大排行榜：New Releases（最佳新产品排行榜）、Movers & Shakers（上升最快排行榜）、Most Wised For（最佳收藏排行榜）和Gift Idea（最佳礼品排行榜），如图4.3.1所示。

图 4.3.1　四大排行榜

相对于Best Sellers栏目来说，这些栏目被关注得较少，但是它们代表着平台上最新和最近时间段内的销售现状、用户需求和销售趋势。这些栏目的有些Listing可能和Best Sellers的产品类似，但也有很多不相同的，这意味着卖家的选品对象有了新的拓展，有了更多选择的可能性。卖家要持续对以上5个维度浏览、筛选、检测。

如果在某个时间段内发现某个产品同时出现在上述5个维度中的多个维度里，那么建议卖家此时应该对该产品进行特别关注。这种现象在很大程度上意味着一款新的平台级爆款诞生。只要抓住这个机会，就可以获得丰厚的回报。

查看BEST SELELRS榜单步骤如下：

第1步：陈帅打开亚马逊前台，输入baby shoe，如图4.3.2所示。

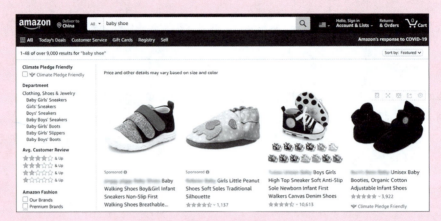

图 4.3.2　亚马逊搜索页面

第2步：打开任意一个Listing，在产品描述的下方会有一个类目Best Sellers Rank（BSR）排名栏，如图4.3.3所示。

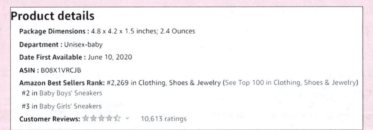

图 4.3.3　Best Sellers Rank

第3步：点击BSR排名栏中的See TOP100，即可查看当前产品所在类目中最畅销的前100名的Listing，如图4.3.4所示。也可以点击小类目查看小类目的热销商品。

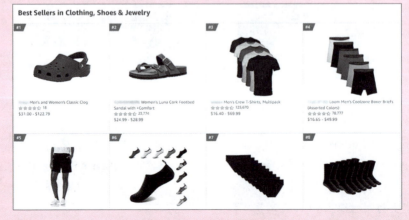

图 4.3.4　BSR 前 100 名

在类目TOP100 Best Sellers列表中，可以看到该类目当前卖得最好的100个Listing。卖家如果能够对这些Listing中所包含的产品认真梳理、研究，并结合自己当前的资金、资源等要素综合考虑，基本上可以评估出自己是否能够操盘运营这些平台热卖产品。

📝 **做一做**

登录亚马逊网站，找出服饰这一类目的 New Releases（最佳新产品排行榜）、 Movers & Shakers（上升最快排行榜）、Most Wised For（最佳收藏排行榜）和 Gift Idea（最佳礼品排行榜）。

※ **活动评价** ※

选品不仅仅是选自己感兴趣的类目，或者曾经了解过的类目，还要选择消费者喜欢的产品。陈帅发现亚马逊平台的各种榜单对选品很有借鉴意义，他决心以后要多看平台，多关注这些榜单。

活动 2　基于用户需求选品

活动背景

顾客就是上帝。无论是传统贸易公司还是跨境电商公司，SUNNY 在商海浮沉多年，深知满足顾客需求永远是商家要关注的课题。企业导师布置给陈帅一个任务，让他实践基于用户需求选品的方法。

活动实施

▢ **知识窗**

1.基于用户需求选品

基于用户需求选品即反向选品法，客户需要哪种产品就选择、生产哪种产品。该如何进行反向选品呢？有一个非常简单的方法，就是参考同类买家的产品评论。这种方法的优点是符合用户需求，容易出爆款。缺点是前期成本投入较多，需要有工厂配合，需要一定的产品设计功能。

基于用户需求选品的流程，如图4.3.5所示。其中，如何发掘用户痛点和如何改进产品方案是重点研究内容。

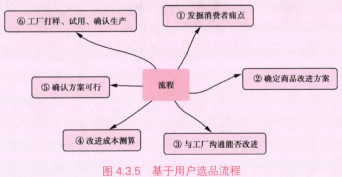

图 4.3.5　基于用户选品流程

2.产品改进方案的思路

●减少法：采用在单调的产品外观或功能上进行减少的方式来进行设计，体现产品的多样性和变化性。案例：训练狗器，如图4.3.6所示。

图 4.3.6 产品改进：减少法

●组合法：采用单调的产品组合其他相关配件，体现产品的多样性和变化性。案例：宠物按摩手套，如图4.3.7所示。

图 4.3.7 产品改进：组合法

●功能转移法：在产品使用市场上做出改变，避开竞争激烈的类别，开拓一个新的市场。案例：宠物安全锁，由儿童抽屉安全锁转移到宠物隔离锁，如图4.3.8所示。

图 4.3.8 产品改进：功能转移法

1.发掘产品痛点

第1步：打开亚马逊官网，在商品搜索框输入"baby shoe"，查看童鞋类目的卖家。

第2步：打开商品详情页，关注 Q&A，RATINGS（重点关注中差评），从中发现商品痛点和消费者最关注的点，如图4.3.9、图4.3.10所示。

☆☆☆☆☆ **To difficult to slide foot in without great difficulty**
Reviewed in the United States on March 13, 2021
Size: 12-18 Months Infant　　Color: A01-pink_rubber Sole　　Verified Purchase

Opening to shoe is so tiny I had to squeeze foot in with difficulty. Once in its so tall foot doesn't hit bottom of shoe until she is walking. Shoe is too tall and too wide. Shoe size was true to size but is bulky. Shoe string to short to tie unless you don't lace all the way. Awkward fitting.

图 4.3.9　顾客评论一

 Tanner Coplin

★☆☆☆☆ **So close**
Reviewed in the United States on December 5, 2019
Size: 6-12 Months Infant　|　Color: E01/White　|　Verified Purchase

Over make is nice, Bottoms of the shoes become slick and are unable to grip the floor anymore

图 4.3.10　顾客评论二

第 3 步：分析商品的痛点。陈帅通过查看详情页的问答和顾客评论，了解到此款鞋的痛点是鞋款太宽和太高；鞋底打滑，抓地不稳，不太适合小朋友。

2. 提出改进方案

针对此款鞋的痛点，提出改进方案，并填写表 4.3.1。

表 4.3.1　改进方案

痛　点	改进方案
鞋太宽、高，不适合小朋友	
鞋底打滑，抓地不稳	

※ 活动评价 ※

通过以上活动，陈帅发现消费者需求是千变万化的。而顾客就是上帝，这句话无论是对于传统的线下市场还是对于如今大热的线上电子商务来说都是一直适用的。市场在不断变化。所以，未来的跨境电商应该研究用户的需求，挖掘潜在产品。

活动 3　数据化选品

活动背景

做亚马逊的人大多会在选品上纠结很久，而且选品真的是一个永恒的话题。很多人在选品上耗费了大量的时间，也走了很多弯路。但就目前的亚马逊来说，选到真的不好卖的产品的概率很低。这是基于亚马逊平台有着科学的选品参考方式——数据化选品。企业导师让陈帅从不同维度对童鞋类目进行分析。

活动实施

陈帅在企业导师的指导下,决定从大小类目容量分析、核心关键词容量分析、竞争对手分析这三个方面入手对童鞋类目进行分析。

1. 大小类目容量分析

分析维度:类目排名、评论数、星级、上架时间、上架天数、售价(美金),重点分析评论数与星级。

第1步:陈帅打开亚马逊官网,在搜索框中输入关键词"Baby shoe",如图 4.3.11 所示。

图 4.3.11　关键词搜索

第2步:点开 5 个产品链接,查看产品的类目排名、评论数、售价、星级、上架时间等数据。

第3步:将收集到的数据整理到表格,并填写表 4.3.2。

表 4.3.2　大小类目容量分析表

	序号	链接	大类目	小类目	评论数	星级	上架时间	上架天数	售价/美金
数据记录表	1		#339	#13	3 431	4	10-Aug-18	656	24.98
	2		#65	#1	5 336	4	24-Dec-18	522	27.99
	3		#73	#3	1 248	3.8	12-Mar-19	385	26.99
	4		#147	#7	2 369	4.2	30-Jun-17	1 065	27.99
	5		#255	#9	10 567	4.2	20-May-17	1 105	25.99
	均值				4 590	4		747	26.78
结果分析									
结论									

第4步:陈帅对大小类目容量表里的数据进行分析,童鞋的平均评论数达到 4 590,说明整体销售基数大。小类目第 1 名在大类目排名为 65,小类目第 3 在大类目排名为 73,表示童鞋这一小类目在服饰这一大类目中的占比,优势明显。说明小类目在大类目市场权重较高,市场容量是足

够的。平均星级为 4，说明顾客对童鞋类目产品的总体满意度较高，产品品质都不错。

2. 核心关键词容量分析

在亚马逊首页搜索框输入关键词，即可显示容量。如图 4.3.12、图 4.3.13 所示。

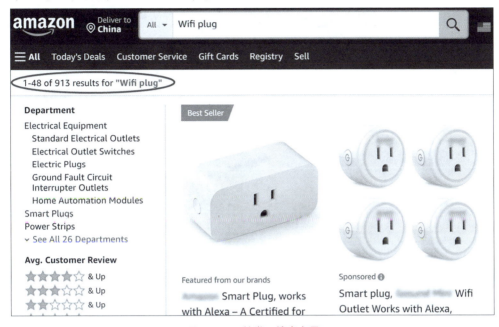

图 4.3.12　某类目搜索容量

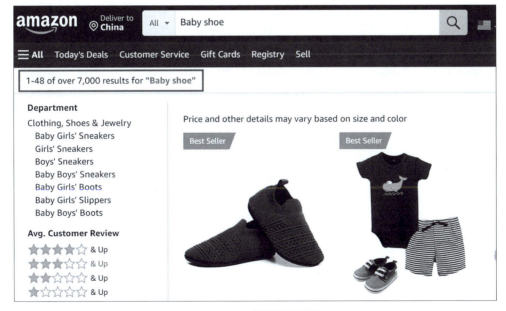

图 4.3.13　童鞋搜索容量

通过图片，可以看出 Wifi plug 这一关键词在亚马逊平台上搜索结果在 900 左右，童鞋在亚马逊平台上搜索结果超过 7 000，说明亚马逊平台上进驻的童鞋卖家相对较多，市场竞争相对较大。

3. 竞争对手分析

第1步: 打开亚马逊官网, 在搜索框中输入关键词 "Baby shoe", 在搜索页面的左上角有该类目的重点品牌供应商, 如图 4.3.14 所示。

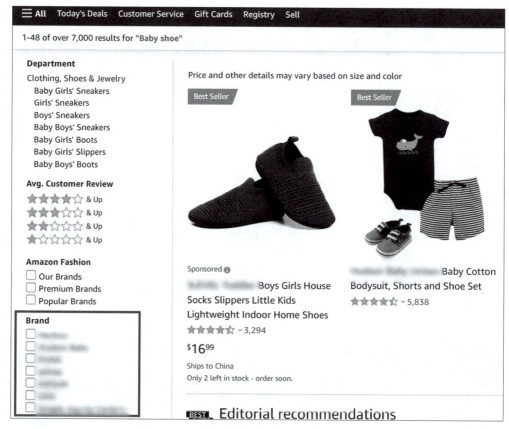

图 4.3.14　重点品牌供应商

通过对比不同品牌的销售量、售价、评价等信息, 可以从中获知消费者比较信赖以及感兴趣的品牌。通过对同类目的不同竞争者进行对比, 学习其他产品的优点, 规避其他产品的缺点。

第2步: 对竞争者进行调查, 并填写表 4.3.3。

表 4.3.3　竞争者分析

序号	链接	上架时间	评论数量	评论等级	FAQ数量	售价	预估日销量	预估月销量	图片	主竞争优势	好评优势	中差评劣势	改进地方

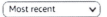□ 知识窗

如何预估销量

　　根据Most recent（见图4.3.15）日均留评量，以1:32的比例预估日均量，月均留评量为日均量乘以当月天数。

From the United States

 Rebecca M.

☆☆☆☆☆　**Great as expected**
Reviewed in the United States on May 4, 2021
Verified Purchase

Fits great. no support because it's not supposed to have arch support. These stay in their Tiny feet

| Helpful | Report abuse |

bchupp3

☆☆☆☆☆　**Great for first shoes to walk in**
Reviewed in the United States on May 4, 2021
Verified Purchase

These little shoes were perfect for "first" shoes as she transitioned to walking in shoes instead if barefoot. They are a one time purchase bc she will need more support as she adjusts to shoes ans these also get SOAKED if at all wet, but good for that transition and getting used to walking in shoes.

图 4.3.15　Most recent 评论

※ 活动评价 ※

　　通过对童鞋类目的大小类目容量分析，陈帅发现童鞋类目在服饰类目占比具有优势，销售量较大。但亚马逊平台上童鞋类目的竞争者众多，竞争大。通过对竞争对手进行分析，陈帅发现海外消费者对商品价格敏感度低，大部分消费者更在意商品本身质量。如果商品质量好，买家评价高，那么店铺以及商品就会比较容易获得平台的推荐和分配更多流量，且市场潜力巨大，可以为公司创造更多的利润。

合作实训

　　以小组为单位，以女士连衣裙为例，完成以下任务，并上台进行分享。
　　（1）找出女士连衣裙这个类目的 Best Sellers。
　　（2）在亚马逊上搜索女士连衣裙，填写表 4.3.4，并进行分析。

表 4.3.4 连衣裙大小类目容量表

数据记录表	序号	链接	大类目	小类目	评论数	星级	上架时间	上架天数	售价/美元
	1								
	2								
	3								
	4								
	5								
	均值								
结果分析									
结论									

（3）查看女士连衣裙类目的核心关键词容量。

（4）分析女士连衣裙类目的主要品牌有哪些。

项目总结

通过本项目的学习，陈帅对亚马逊平台的产品编码有了一定的了解，会自行编制 SKU 码，便于识别卖家商品，并懂得如何获取 UPC 和 EAN 码。陈帅分析了影响产品销售的宏观因素和微观因素，发现童鞋类目符合欧美市场的定位。通过对站内容量和大小类目容量分析，陈帅发现亚马逊平台上童鞋卖家众多，竞争激烈。但市场对童鞋的需求较大，童鞋类目在服饰类目中占比较大，销售量大。陈帅通过学习，认为童鞋类目的市场前景还是很不错的，信心倍增。

项目检测

1. 单项选择题（每题只有一个正确答案，请将正确的答案填在括号中）

（1）（   ）是商品库存进出计量的基本单元，可以是以件、盒等为单位，由数字或字母组成，也可以是由两者混合搭配组成。

    A. UPC 码　　　　B. EAN13 码　　　　C. SKU　　　　D. ISBN 码

（2）（   ）是亚马逊自动为商品分配的唯一商品编码。

    A. UPC 码　　　　B. GCID 码　　　　C. ASIN 码　　　　D.ISBN 码

（3）在产品使用市场上做出改变，避开竞争激烈的类别，开拓一个新的市场，这是（   ）选品方法。

    A. 通过类目 Best Sellers（最畅销品）　　　　B. 基于用户需求

    C. 数据化　　　　D. 基于季节

（4）UPC 码如何获取？（   ）

    A. 自行编制　　　　B. 亚马逊自动生成　　　　C. 淘宝购买　　　　D. 不需要 UPC 码

（5）最好卖家榜是（   ）。

    A. Best Sellers　　　　B. New Releases

    C. Movers & Shakers　　　　D. Most Wised For

2. **多项选择题**(每题有两个或两个以上的正确答案，请将正确的答案填在括号中)

(1)影响产品销售的宏观因素主要有(　　　　　　)。

　　A.公共节假日　　B.季节适用性　　　C.供应商　　　　　　D.气候特征

(2)影响产品销售的微观因素主要有(　　　　　　)。

　　A.人群购买力　　B.供应商　　　　　C.产品的定价　　　　D.季节适用性

(3)下列属于数据化选品的是(　　　　　　)。

　　A.大小类目容量分析　　　　　　　　B.品牌效应分析

　　C.BS/NA 同款容量分析　　　　　　　D.竞争对手分析

(4)产品方案改进的思路主要有(　　　　　　)。

　　A.减少法　　　　B.组合法　　　　　C.功能转移法　　　　D.以上都不对

(5)品牌效应分析的分析维度是(　　　　　　)。

　　A.上架时间、上架天数　　　　　　　B.产品数量、评价售价

　　C.预计月销量、预计销售额　　　　　D.销售额占比

3. **简述题**

(1)亚马逊的产品编码主要有哪些?

(2)影响产品销售的宏观因素和微观因素有哪些?

4. **趣味挑战题**

基于用户的需求，有时候需要对产品进行改进，教材中提到的方法有减少法、组合法以及功能转移法。请针对欧美市场，对童鞋进行痛点的挖掘以及重新设计。

项目 5
创建 Listing

【项目综述】

Listing 就是卖家向买家们展示的产品页面，其中包括商品图片、标题、价格、五行卖点、产品描述等内容。亚马逊平台注重产品，产品的表现力强，能直接勾起客户的购买欲望，大大地提升产品的转化率，同时也能为卖家带来更多的流量。毫无疑问，最能突出产品表现力的方法就是撰写产品 Listing。SUNNY 外贸公司深知 Listing 的重要性，如何制作出能展示卖点会说话的图片，让消费者记住你，如何通过精准的关键词和产品标题设置，让消费者发现你，如何通过五行卖点突出产品的优势，让消费者认可你，如何通过合理的价格和细节全面有说服力的产品描述，让消费者接受你，这些都是每一个跨境电商卖家要思索的问题。

【项目目标】

通过本项目的学习，应达到的具体目标如下：

知识目标

◇掌握亚马逊的图片要求

◇会根据不同的产品设计图片

◇掌握选取关键词的方法

◇掌握标题、五行卖点和商品描述的撰写方法

◇掌握商品定价的影响因素

技能目标

◇能够根据不同的产品设计图片

◇会撰写商品标题、五行卖点和商品描述

◇能够对商品进行合理定价

素质目标

◇在团队合作中，提高自身的沟通交流和合作能力

◇在创建 Listing 过程中，提升自身的营销意识

◇在任务完成过程中，培养自主探究和严谨分析的习惯

【项目思维导图】

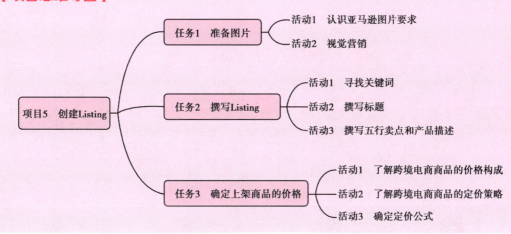

任务1 »»»»»»
准备图片

情境设计

消费者在打开购物网站输入关键词进行购物时,首先看到的是产品图片、标题、价格和评论,图片占据了重要的地位,直接影响点击率和转化率。SUNNY外贸公司推出了一批新款童鞋,公司安排陈帅及他的同学们负责产品图片的制作。陈帅深知图片的重要性,但究竟亚马逊平台对图片有什么要求,如何制作出能突出卖点进而吸引消费者购买的图片?陈帅在企业导师的带领下开展工作。

任务分解

为了让陈帅更好地完成任务,企业导师将该任务分为以下两个活动:

①了解亚马逊对图片的要求,保证制作的图片是符合平台要求的;

②制作图片,让图片充分展示产品的性能、卖点等,刺激消费者购买,提高转化率。

活动1　认识亚马逊图片要求

活动背景

图片比文字更加直观形象,图片对跨境电商卖家至关重要。一张好的图片会说话,能吸引消费者购买,从而提高点击率和转化率。SUNNY外贸公司安排陈帅负责新产品的拍摄工作。究竟亚马逊对产品图片有什么要求呢?陈帅展开了调查。

活动实施

🔲 知识窗

亚马逊图片要求

（1）亚马逊最多可上传9张图片，其中包含一张主图和8张辅图，但亚马逊前台只显示7张图片。商品的主图显示在搜索结果和浏览页中，也是买家在商品详情页面上看到的第一张图片。辅图是从不同的角度来展示商品，对无法在主图中凸显的商品特性、形状、功能等做补充。

（2）亚马逊主图必须是纯白色的背景（RGB：255，255，255），不能有阴影，如图5.1.1所示。

图 5.1.1 亚马逊纯白底图片

（3）主图必须展示实际商品（不能是图片或插图），且不得显示无关配件，不能是会令买家产生困惑的支撑物、不属于商品一部分的文字或徽标/水印/嵌入图片，如图5.1.2所示为不合规图片。

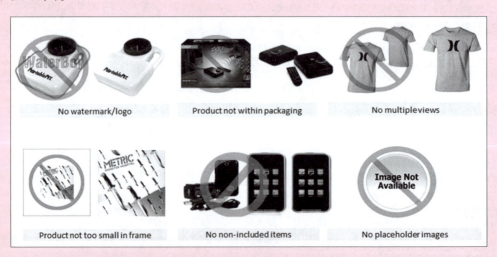

图 5.1.2 不合规图片

（4）图片必须准确展示商品，且仅显示用于销售的商品，图片需有真实性，不宜过度PS。保持图片真实、保证质量的商品才能吸引买家下单，尽量少使用或不使用展示模特。如鞋子：主图必须是纯白底，不能出现模特，展示单只左脚鞋，鞋尖朝左下角，如图5.1.3所示。

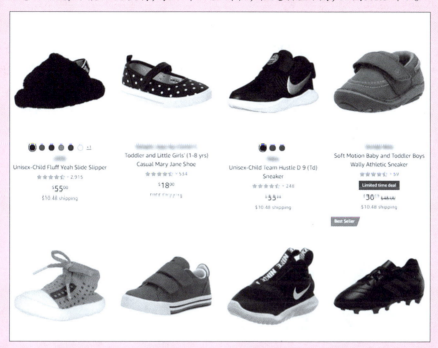

图 5.1.3　亚马逊鞋类图片

服装：主图必须是纯白底，服装只能是平铺或者穿戴在模特身上，不能用假模特，模特需站着，正面朝前，不能侧身或者坐着，要完整地展示商品，如图5.1.4所示。

图 5.1.4　亚马逊服装图片

（5）85%覆盖：商品必须占据图片区域中85%或以上的面积，重点突出商品。

（6）像素要求：必须大于1 000×1 000（建议：1 200×1 200），这样的图片具有缩放功能，卖家能放大图片局部以查看商品细节，这个功能具有增加销售量的作用。图片最短的边长（相对的宽或高）不能低于500像素，否则无法上传到亚马逊后台。图片太小了，也不方便买家查看商品。在上主图与辅图时，建议尺寸一致，这样会比较美观。

（7）亚马逊平台接受JPEG（.jpg）、TIFF（.tif）和GIF（.gif）图片格式，首选是JPEG。

（8）辅图用来说明产品性能、尺寸、用途。好的辅图可以更好地展示产品的特殊功能，有利于发挥细节优势。建议可以从性能、尺寸、用途、社交影响、包装这5个方面去制作辅图。

①性能（卖点）：1～3张，从重要到次要，以特写的方式更好地展示产品的特殊功能或质地，有利于发挥细节优势。图5.1.5突出了充电宝的容量大这一卖点，图5.1.6突出了充电宝的快充这一卖点。

图 5.1.5　充电宝容量图

图 5.1.6　充电宝快充卖点图

②尺寸：1张，包含必要参数信息，明确显示尺寸，可加参照物对比，如图5.1.7所示。

③用处（场景图）：1张，使用场景，在场景中展现产品各个视角，效果加倍，如图5.1.8所示为投影幕布的使用场景图。

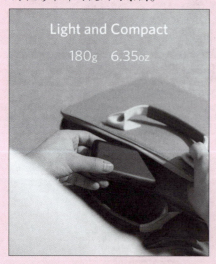

图 5.1.7　充电宝尺寸图

图 5.1.8　幕布的场景图

④社交影响：1张，显示社交平台对产品的认可度。

⑤包装图：1张，显示包装、附件、品质认证、质保期等。

🔎 查一查

陈帅打开百度，搜索亚马逊对图片的要求，并将搜索结果在小组内分享。

☆ 比一比 ☆

比较亚马逊的图片要求和淘宝的图片要求有什么相同点和不同点？

※ 活动评价 ※

陈帅通过调查发现，亚马逊对图片的要求和其他电商平台不同，如亚马逊平台要求主图必须纯白底，主图必须准确展示相关商品，不能有无关信息等。通过查看其他卖家的图片，陈帅还发现好的图片会说话，能充分展示商品的特性、尺寸规格、包装等卖点，吸引消费者购买，从而大大提升商品的转化率。

活动2　视觉营销

活动背景

SUNNY 外贸公司推出了一批新款童鞋，公司安排陈帅及他的同学们负责产品图片的制作，陈帅调查了解了亚马逊平台对图片的要求，接下来他要着手开始制作图片了。

活动实施

🔲 知识窗

亚马逊童鞋图片案例

亚马逊平台要求鞋子主图展示单只左脚鞋，鞋尖朝左下角，如图5.1.9所示。绝大多数的卖家主图是符合这一要求的，且主图要求纯白底，商品占到整张图片的85%以上，通过拍摄，精修出产品的质感，提高用户的购买欲。

图 5.1.9　童鞋主图

童鞋类目的辅图可以做卖点图、尺码图、颜色款式图、场景图、包装图等，图5.1.10和图5.1.11就是产品的卖点图。图5.1.10突出了产品的透气、防踢包头设计和易穿脱这三个卖点；图5.1.11突出了鞋底柔软这一卖点。

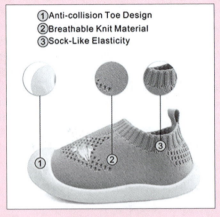

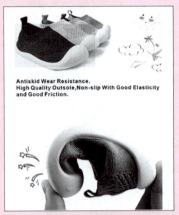

图 5.1.10 卖点图一 　　　　　　　　　　　图 5.1.11 卖点图二

对于童鞋产品，尺码的选择尤其重要。为了帮助消费者选择合适的鞋码，提高顾客满意度，避免退换货或差评，在辅图上加上一个尺码表是一个不错的选择，如图5.1.12所示。

产品有多种款式或颜色，无疑给消费者带来了更多选择，会提高产品的转化率，所以一张款式图或颜色图必不可少，如图5.1.13所示。注意：在拍摄时产品的摆放要美观。

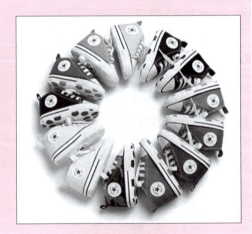

图 5.1.12 尺码表 　　　　　　　　　　　图 5.1.13 产品的不同颜色

场景图能让消费者产生代入感，每个父母都希望孩子是快乐可爱的，不妨放一些孩子穿着鞋在户外玩耍、天真烂漫的图片，会让消费者感觉温暖。

包装图也是并不可少的，让消费者可以清楚地知道他们能得到什么。如果包装比较高大上，或者是卖家能提供礼品包装，那这张包装图又成了卖点，更能吸引消费者购买。

1.产品卖点分析

陈帅通过学习了解到在拍摄产品图片时,首先要了解产品,并从消费者的角度出发,思考消费者在购买此款产品时关注的点有哪些,提炼出产品的卖点,并将卖点以图片的形式展示出来,从而引起消费者的购买欲望,从而提高转化率和销量。

图 5.1.14　童鞋

??想一想

如图 5.1.14 所示的童鞋卖点有哪些? 这些卖点如何通过图片的形式展示出来?

2.调查竞争对手的图片

登录亚马逊网站,调查竞争对手的图片,重点调查 BEST SELLERS 的图片,并将图片粘贴在表 5.1.1 中。

表 5.1.1　BEST SELLERS 图片

主　图	辅图一	辅图二	辅图三	辅图四	辅图五	辅图六

3.拍摄及处理图片

陈帅和同学们在分析完产品卖点,并对平台上的竞争者进行调研后,开始拍摄图片及处理图片。

职场规则

亚马逊是个保护原创、尊重知识产权的平台,对卖家的侵权行为是零容忍的,很多在亚马逊开店的卖家也是因为存在侵权行为导致店铺被关,这种案例屡见不鲜。盗图是最常见的侵权行为,只要不是你自己拍摄的图片,无论这个图片是来自供应商,还是来自 1688,或者 eBay 等其他电商平台,只要原拍摄者发现你在使用他的图,然后他来投诉你,你的行为都属于盗图。所以作为亚马逊卖家要诚信经营,不得随意盗图。

※ 活动评价 ※

陈帅发现,图片是产品的外在表现形式,通过发掘产品的卖点,并调查亚马逊上其他卖家的产品图片,寻找灵感,才能做出既有质感又能充分突出卖点、吸引消费者购买、提高转化率的图片。

合作实训

以小组为单位,自行选定一款产品,完成产品拍摄及利用 Photoshop 完成图片的美化,制作一组亚马逊产品图片。

任务2 ﹥﹥﹥﹥﹥﹥
撰写Listing

情境设计

消费者在搜索产品时,首先看到的是图片、标题、价格和评论,这些会直接影响到消费者的点击。而点击进去产品详情页,会看到图片、标题、五行卖点(短描述)和产品描述,这些产品的信息会直接影响到消费者的购买,即转化。陈帅已经完成了产品的图片,接下来他要开始撰写标题、五行卖点和产品描述了,但怎样才能撰写出能吸引消费者购买的 Listing, 陈帅和同学们在企业导师的带领下开展工作。

任务分解

为了让陈帅他们更好地完成任务,企业导师将该任务分为以下 3 个活动:
①通过工具搜索产品的常见关键词;
②撰写标题;
③撰写五行卖点和产品描述。

活动 1 寻找关键词

活动背景

陈帅已经完成了产品的图片制作,开始着手撰写标题、五行卖点和产品描述了,消费者是通过关键词来搜索产品的Listing和关键词的匹配度会直接影响到产品能不能被消费者搜索到,所以关键词对于 Listing 至关重要。陈帅尝试用各种方法寻找关键词。

活动实施

陈帅了解到搜索关键词的方法有很多,他尝试用不同的方法寻找关键词。

1. 利用 SELLERMOTOR 寻找关键词

第1步:打开 SELLERMOTOR 的官网。

第 2 步:打开免费工具下的反查关键词,如图 5.2.1 所示。

第 3 步:输入你想要查找的类似产品的 ASIN 码,即可查找关键词,如图 5.2.2 所示。

图 5.2.1 反查关键词页面

流量词列表　　为您找到773条记录　　导出Excel

流量词	月搜索量	月点击量	月点击占比	流量
baby boy stuff	589843	246155	1.00%	
baby shoes	381557	253756	1.89%	
baby boy shoes	41410	39339	0.97%	
baby boy christmas outfit	40574	26310	0.59%	

图 5.2.2　反查关键词列表

也可以将通过 ASIN 反查得到的关键词导出 Excel 表格，方便查看，如图 5.2.3 所示。

流量词	月点击量	月点击占比	月搜索量	流量占比	广告排名	自然排名
baby boy stuff	246155	1	589843	34.23	2-4	5-5
baby shoes	253756	1.89	381557	25.77		1-15
baby boy shoes	39339	0.97	41410	2.44	1-25	1-23
baby boy christmas outfit	26310	0.59	40574	2.11		2-11
baby walkers for girls	34227	0.06	40268	1.36		3-10
walker for baby boy	46251		40219	0.86		5-17
ropa de bebe niño	37343	0.92	35565	1.97		2-7
baby christmas gifts	32007		32331		1-30	
registry for baby shower search by name	36669	0.01	32166	1.17		3-7
infant shoes	31066	1.05	30457	1.82		1-24
3 month old toys for babies	25845		30053	0.27	1-33	5-6
baby girl toys 6 to 12 months	27559		29634	0.63		5-19
baby girls' shoes	24739		28113	0.58		5-22
hippie clothes	31253	0.03	27415	0.64		5-6
gucci shoes	21081	0.04	23167	0.62		4-6
baby announcements	18859		21930	0.58		4-6
baby shoes girl 6-12 months	22883		20803	0.28	1-61	4-9

图 5.2.3　Excel 导出反查关键词的结果

列表中月搜索量大，月点击量又大的词可以用在 Listing 中。

2. 亚马逊搜索框下拉关键词

陈帅打开亚马逊官网，在搜索框内输入关键词，系统即时提示的关键词也可以作为关键词使用，如图 5.2.4 所示。

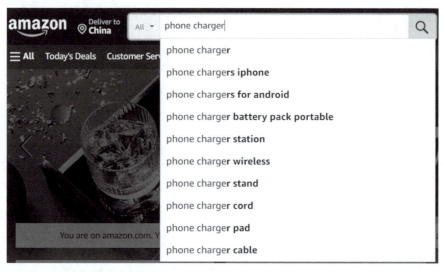

图 5.2.4　搜索框下拉关键词

3. 在竞品 Listing 中寻找关键词

竞品是最好的学习对象，看 5～10 个竞品的 Listing，同时出现在所有 Listing 中的关键词就是有用的关键词，可以为我所用。

4. 在产品评论里面寻找关键词

顾客购买了产品后，可能会留评，多看客户评论，在里面找到一些地道的词语作为关键词。

?? 想一想

新冠疫情期间，口罩变成了人们出行、保护自己的标配产品，请搜索口罩的关键词。

※ 活动评价 ※

陈帅发现，搜索关键词的方法很多，如在同类产品的 Listing 中寻找关键词；在搜索框通过提示得到的关键词；在买家评论里寻找关键词；通过一些工具寻找关键词等。只有寻找到消费者常用的搜索关键词，增加 Listing 与消费者搜索关键词的匹配度，Listing 才能被消费者看到，从而提高产品的销量。

活动 2　撰写标题

活动背景

> 一个优秀的标题是打造爆款的重要因素，也是产品的直接流量来源；一个好的标题可以让买家做出正确、快速的购买行为。可想而知，用心去打造一个优秀的标题是必要的。陈帅已经搜索到了一些有用的关键词，接下来可以开始撰写产品标题了。

活动实施

知识窗

标题的组成部分主要有：品牌+型号+关键词+适用范围+产品特性。

1.品牌名

如果你拥有一些大品牌的授权，标题开头一定要写品牌名，有些时候大品牌自带的流量比核心关键词还要大；自己注册的品牌也可以写在标题中，可以加深消费者对品牌的印象，有助于打造自己的品牌，而且现在亚马逊也是越来越注重品牌。

对于没有注册品牌的小卖家来说，可以不用写品牌的，首先随便填写的品牌不会自带流量，而且没有注册的品牌不受保护。在亚马逊A9算法中，越靠前的关键词权重越大，因此与其写一个毫无用处的品牌词，还不如将这个位置让出来给核心关键词。

2.型号

型号多用于一些知名品牌，能够让买家很容易地分辨出产品。

3.关键词

关键词本身分为很多种，比如核心关键词、宽泛关键词、长尾关键词等。

●精准关键词（又叫作"核心关键词"）：是指和产品、用户匹配度高，针对性强，转化率高的关键词，如"baby sandal"。

●宽泛关键词（也可以称之为"大词"）：这类词语辐射面广，流量大，针对的目标客户群体不够精准，如"baby shoe"。

●长尾关键词（又被称为"蓝海词"）：这类关键词主要针对细分人群，针对性强，转化率高，但搜索次数相对较少。如"hello kitty baby sandal"。

在撰写标题时，精准关键词要优先使用。很多时候，一个产品往往由于表达不同包含多个核心关键词，那就需要我们把这几个关键词恰当地放置在标题的不同位置，而宽泛关键词往往会包含在核心关键词中，所以不需要再进行额外的关注。对于长尾关键词，要在最相关和覆盖群体相对较大的两个前提下筛选使用。

4.产品特性

产品特性通常写在后面的位置，比如材质、尺码、颜色等，通常是为了丰富产品信息，使买家对产品主要信息有一个简单的了解。

亚马逊Listing标题规则如下：

①Listing的标题不能超过200个字符；

②每个单词的首字母必须大写（a, an, and, or, for, on, the之类的词除外）；

③不能有特殊字符，如$、*等，不能使用中文输入法输入任何内容。否则，标题里可能会出现一些乱符；

④商品标题不能有商标符号；

⑤不能有公司、促销、物流、运费或其他任何与商品本身无关的信息；

⑥如有数字描述，使用阿拉伯数字，而不能使用文字。比如，要写"1"，而不能写"one"；

⑦商品名称不能有自己的SKU号码或者其他编码；

⑧如包含批量销售，要在商品名称后面添加（pack of X）；

⑨不要为了吸引曝光、引入流量，迎合消费者心理需求，从而夸大宣传（浮夸），虚标各种数据；

⑩关键词最好符合当地人的语言搜索习惯。比如TV要比Television搜索量更高；

⑪不要在标题里留卖家名称、卖家邮箱、电话号码等信息。

🔍查一查

调查亚马逊平台上类似产品卖家的标题。

第1步：打开亚马逊官网，在搜索框中输入"baby girl sport shoe"，搜索女童运动鞋的卖家。

第2步：重点考查女童运动鞋 BEST SELLERS 的标题，填写在表 5.2.1 中，并找到可用的关键词。

表 5.2.1　竞品标题调查

竞品	标　题
1	
2	
3	
4	
5	
可用关键词	

✏️做一做

请为以下的女童运动鞋（见图 5.2.5）撰写标题。

※ 活动评价 ※

陈帅深知标题的重要性，增加标题与顾客搜索词的关联性，能大大提升产品被顾客搜索到的概率，从而提高销量。他充分调查了亚马逊平台上其他卖家的优秀标题，再结合产品的特性撰写标题。通过实践，陈帅发现从事跨境电商还是要多调查、多研究、多学习其他卖家优秀的地方。

图 5.2.5　女童运动鞋

活动3　撰写五行卖点和产品描述

活动背景

产品的详情页包括图片、标题、五行卖点和产品描述，其中五行卖点的重要性仅次于标题，它的作用是在顾客被标题、图片、价格三个因素吸引进来之后，再次对产品加深了解。Bullet

Points 是否能够提供足够的信息给顾客，同时激发他们的购买欲望，对于销量的提升也是重要的一环，而产品描述是对五行卖点的补充和强化。陈帅已经准备好了图片，并撰写了标题，接下来他要开始撰写五行卖点和产品描述了。

活动实施

▢ 知识窗

1.撰写五行卖点

撰写五行卖点要注意以下内容：

①写出产品的最多卖点优势，最大化刺激购买欲望，从消费者的角度出发，突出消费者在意的那些产品性能。

②写自己产品和市场上其他产品的差异化特点，解决了同行的那些痛点来突出自己的竞争优势。产品的痛点可以从顾客评论中获取，如果自己的产品解决了痛点，一定要在五行卖点中突出，以提高顾客购买欲望。

③写出顾客的心理和预期。

④产品的参数及使用范围等。

⑤产品的质量包装及售后政策介绍确保售后无忧。

⑥在五行卖点里嵌入关键词，亚马逊是通过关键词来识别产品的，增加关键词与顾客搜索词的关联性，能大大提升产品被顾客搜索到的概率，从而提高销量。

⑦每行开头部分，尽量用简短关键词去描述核心内容，并且大写，提前抓住客户最想知道的点，言简意赅，如图5.2.6所示。

图 5.2.6　五行卖点格式

⑧用参数说话，外国人习惯用事实说话，避免一些假大空的描述，如防滑，可以说此款鞋是橡胶底，上面有防滑颗粒，用这些参数来论证卖点更有说服力，而不仅仅是产品质量最好、价格最优这些表述。

⑨切实宣传产品优势，而不是产品功能。买家搜索产品时，很可能已经知道产品的主要

功能。当你想列出技术规格时,可强调此类规格并说明其如何使买家受益。例如,如果销售20 000 mAh的充电宝,大多数消费者可能不知道这个充电宝能给他们的手机充几次电。你可以这样描述你的产品:20 000 mAh高容量,能为华为P40充电至少4~5次,再也不用担心在聊天的时候没电了。

⑩多参考同类卖家的五行卖点,学其精华,去其糟粕。

2.产品描述

五行卖点会把产品本身最重要的卖点告诉消费者,那产品描述就是对于产品核心卖点和参数的一个补充。

①总结卖点,将其简化。让买家一目了然该产品的主要特性。

②如果产品需要组装,接下来要详细写清楚组装步骤,不要让买家无法意识到该产品需要组装,否则容易招致差评。

③对于某类产品,买家所关心的详细参数,必须一条条列出。例如童鞋类目,为了帮助消费者选到合适的尺码,产品描述必须配有尺码表,如图5.2.7所示。切记要换成外国人常用的计量单位。

About shoes

Item Type: First Walkers Crib Canvas Shoes
Size: Fit For 0-18 Months Baby
Color: Multi Colors As Picture Show
Season: All Seasons
Gender: Newborn Infant Toddler Baby
Package includes:1 pair of shoes.

Specifications:
Size S: Recommended Age: 0-6 Months; Heel to toe Length: 11 cm / 4.33 inches
Size M: Recommended Age:6-12 Months; Heel to toe Length: 12 cm/4.72 inches
Size L: Recommended Age :12-18 Months; Heel to toe Length: 13 cm / 5.11 inches

---

图 5.2.7　童鞋尺码

④提供产品细节:如果尺寸、形状、大小或其他细节能帮助你的客户做出自信的购买决定,可以在描述中加上这些信息。

⑤自然地穿插一些关键字在产品描述里面,有助于SEO优化。

⑥售后保证:阐述你可以为买家提供怎么样的质保售后,让买家更放心去下单。

⑦产品描述格式:以下是两种常见的格式符号
和的含义和用法。

换行:

第一行内容

第二行内容

加粗: ……

需要加粗的内容

3.A+页面

对于品牌店铺而言,亚马逊产品描述可以以A+页面的形式出现,即图文版产品描述。通过丰富产品细节图和使用场景提升买家的购买体验,延长买家的停留时间,进一步提升产品的转化率。此类产品描述不仅要进行文字编辑,还要兼顾图片处理。A+页面主要有以下内容:

①品牌介绍。最好有独特的标志,唤起消费者的新鲜感,品牌介绍如图5.2.8所示。

图 5.2.8 品牌介绍

②卖点介绍。通过图片展示和文字的结合简明扼要地介绍商品的核心卖点,提高消费者的购买欲望,卖点如图5.2.9所示。

图 5.2.9 卖点

③场景图及细节图。根据不同的场景来设计图片,并增加更加详细的感性文字说明,促使消费者购买,场景图如图5.2.10所示。

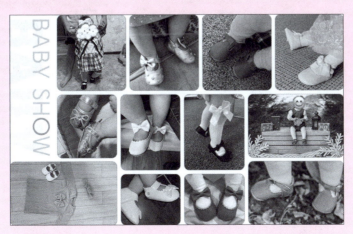

图 5.2.10 场景图

④商品对比图片。通过将产品与一般产品进行对比，突出产品优势。

⑤客户评价。通过引用部分买家好评，为产品和店铺树立正面形象。

⑥关联推荐商品。推荐店铺内热销产品、类似产品和新产品，尽可能使流量在店铺内实现转化，关联推荐商品如图5.2.11所示。

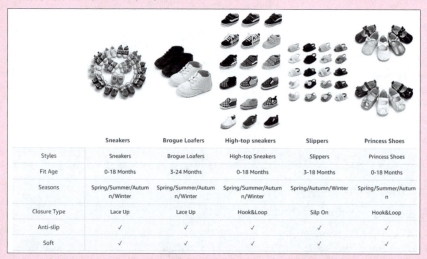

图 5.2.11　关联推荐商品

🔍查一查

女童运动鞋的 BEST SELLERS 的五行卖点和产品描述。

第1步：打开亚马逊官网，在搜索框中输入"baby girl sport shoe"，搜索女童运动鞋的卖家。

第2步：重点考查女童运动鞋 BEST SELLERS 的五行卖点和产品描述，填写在表 5.2.2 中。

表 5.2.2　竞品五行卖点和产品描述调查

竞　品	五行卖点	产品描述
1		
2		
3		
4		
5		

请为上一个活动中的女童运动鞋(见图 5.2.5)撰写五行卖点和产品描述。

产品名称:女童运动鞋　　鞋面材质:网布

尺码:0~6 个月,11 cm 底长;6~12 个月,12 cm 底长;12~18 个月,13 cm 底长

※ 活动评价 ※

陈帅发现,不论是五行卖点还是产品描述,都要从消费者的角度出发,尽可能地突出产品的卖点,吸引消费者购买,同时要详细标明产品的各项参数,如使用范围、尺寸、包装等,并写上卖家的售后保证,言简意赅。在五行卖点和产品描述中适当加入关键词,加大搜索的机会,这样才能真正提高搜索量和转化率。

合作实训

为以下的产品(见图 5.2.12)撰写产品标题、五行卖点和产品描述。

产品名称:学步鞋

鞋面材质:棉布

适合季节:春季,秋季

尺码:0~6 个月,11 cm 底长;6~12 个月,12 cm 底长;12~18 个月,13 cm 底长

图 5.2.12　童鞋

任务3 〉〉〉〉〉〉〉
确定上架商品的价格

情境设计

要决定如何给一个电商商品定价,对卖家来说可能是一个不大不小的挑战,想给顾客一个合理的价格,又想赚取更多的利润。商品定价对跨境电商销售来说非常重要,也是店铺盈利的核心策略。商品定价既要能覆盖商品的成本,如采购价、国内物流费、头程物流费、平台佣金、FBA 费用等,又要保证卖家能有利润空间,同时又要考虑平台上其他竞争者的定价。对于陈帅来说,在定价方面要明确价格的构成,制定合理的价格。

任务分解

为了让陈帅更好地完成任务,企业导师将该任务分为以下 3 个活动:

①搜索资料了解跨境电商商品的价格构成;

②了解跨境电商商品的定价策略;

③对商品进行合理定价。

活动1 　了解跨境电商商品的价格构成

活动背景

陈帅已经完成了产品的图片制作,撰写好标题、五行卖点和产品描述,接下来开始给产品制定合理的价格。商品价格取决于成本和利润,所以,定价前要非常清楚真正的商品成本,这是后期定价策略的基础。陈帅通过网络搜索,了解了跨境电商商品的价格构成。

活动实施

□ 知识窗

跨境电商商品成本

1.进货成本

进货成本指从供应商处采购商品的成本,包括商品进价和国内物流费用。进货成本取决于供应商的价格基础,在进行采购时要多方了解供应商信息,看供应商的价格是不是具有优势,产品进货成本是否具有竞争力,这样才能拥有足够的利润空间去做运营和推广。选择一个优秀的供应商是跨境电商经营的重中之重,商品品质优良、商品价格有竞争力、有商品研发能力、具备良好的服务意识,这些都是选择供应商时要考虑的因素。阿里巴巴平台是目前较大的货源平台,不少卖家在上面寻找供应商。

2.跨境物流成本

跨境物流成本是商品实际成本的重要组成部分,根据跨境物流模式的不同会有所不同。标价通常会写上包邮,这样的标价方式更能吸引顾客。所以,卖家一定要将跨境物流成本计算在商品价格之中。

3.跨境电商平台成本

跨境电商平台成本是指基于跨境电商平台运营,向跨境电商平台支付的相关费用。主要包括入驻费用,例如亚马逊每个月39.99美元的月租费,平台佣金(根据不同的类目会有所不同,如童鞋类目为18%),推广费用,如果是FBA发货卖家还要支付仓储费、配送费等相关FBA费用。

4.售后维护成本

售后维护成本是很多跨境电商新人最容易忽视的一个成本。很多中小卖家在我国境内发货,发货周期长,可能会出现一些商品破损、丢件或者顾客退换货的情况。因为跨境电商的特性,这样的成本投入往往比较高。我们在核算成本时一定要把这部分成本核算进去。

5.其他成本

其他成本包括人工成本、办公成本、换汇成本等。

在对商品进行定价时,除了考虑这些商品成本,利润率也是跨境电商卖家需要考虑的因素,利润率越高,商品的售价就越高。

上网搜索跨境电商的成本组成，并绘制成思维导图。

✎做一做

体验在阿里巴巴平台进货。

第 1 步：打开阿里巴巴网页，如图 5.3.1 所示。在搜索框中键入想购买的商品。

图 5.3.1 阿里巴巴网页

第 2 步：安装阿里旺旺，体验与卖家进行在线沟通。

第 3 步：体验购买一款商品。

※ 活动评价 ※

陈帅深知跨境电商商品的成本对定价至关重要。通过了解，他得知商品的定价要考虑进货成本、跨境物流成本、跨境电商平台成本、售后维护成本、其他成本以及利润率。在准确核算成本的基础上，加上合理的利润，才能合理定价。

活动 2 了解跨境电商商品的定价策略

活动背景

陈帅通过多方了解，已掌握了跨境电商的成本构成。在成本的基础上加上合理的利润空间就是商品的售价了，这种定价方法是基于成本的定价策略，但在对商品进行定价时，只考虑成本，是远远不够的，还有哪些定价策略呢？陈帅展开了调查。

活动实施

□ 知识窗

常见的定价策略

1.基于成本的定价

基于成本的定价，可能是零售行业最受欢迎的定价模式。其最大的优点就是：简单。一家商店，无论是实体店还是电商店铺，用不着进行大量的顾客或市场调查就可以直接设定价格，并确保每个销售产品的最低回报。要想计算基于成本的定价，你只需知道产品的成本，并提高标价以创造利润。该定价策略的计算方式：成本+期望的利润额=价格。

基于成本的定价策略可以让零售电商卖家避免亏损，但它有时可能会导致利润下降。比如顾客可能会乐意为产品支付更多的费用，从而增加利润；或者价格可能太高，导致销售的产品数量较少，利润下降。

2.基于竞争对手的定价

通过基于竞争对手的定价策略，你只需"监控"直接竞争对手对特定产品收取的价格，并设置与其相对应的价格。

这种零售定价模式，只有当你与竞争对手销售相同产品、两种产品没有任何区别时，才可以起到作用。实际上，如果你使用了这种策略，你就是在假设你的竞争对手已经做了一些相关研究或至少有一些经验，或是至少拥有足够的市场地位，你假设他们的价格一定是匹配市场期望的。

不幸的是，这种定价策略可能会带来价格竞争，有些人称之为"向下竞争"。

3.基于商品价值的定价

如果专注于商品可以给顾客带来的价值，卖家思考的问题是：在一段特定时期内，顾客会为一个特定商品支付多少费用，然后根据顾客的这种感知来设定价格，这种定价就是基于商品价值的定价。如新冠肺炎暴发初期，口罩短缺，但那时出于防病毒的需要，顾客愿意为口罩支付更高的价格，价格可以定得高点。但随着越来越多的企业加入到生产口罩的行列，口罩供应量大大提升，这时卖家可能就要通过降低价格、折扣等手段来促进销售。

4.折扣定价策略

折扣定价策略是我们大多数人都会熟悉的，它是通过降低产品价格来达到快速销售的目的。当卖家希望清理库存或提高销量时，通常使用此策略。折扣定价策略要保持折扣切合实际，否则，你可能会让买家怀疑产品的质量。

5.产品不同阶段的定价策略

（1）新品上架阶段

产品刚上架时，没有好评，没有星级评分，没有忠实的粉丝，产品处于无竞争力状态，这时为了让产品快速切入市场，卖家们不妨将价格设低一些进行引流。但是，也不能设得太低，那样非但赚不到应得的利润，反而会让买家低估商品的价值，甚至怀疑你在卖假货。

（2）产品成长阶段

当卖家的产品在销量、好评、星级分数各项指标有了一定改善，销量处于稳定上升，但忠实客户依然很少。这时候卖家可以稍微提一下价格。或者将价格控制在比竞争对手稍微偏低一点的范围。

（3）产品成熟阶段

当卖家的产品销量已经很稳定了，绩效指标都很不错，在市场上积累了不少的人气，表现已经远超一般卖家，或者说已经打造了一款爆品或准爆品。那么，在这个层次的产品，比价功能已经弱化，更多的是代表了品牌形象与店铺定位。那么卖家可以放心地将价格调得比市场价高一些了。忠实的买家也不会因为提价而离开。

（4）产品衰退阶段

爆款产品不可能一直维持销量火爆，当产品在市场火过之后，就会慢慢地进入衰退期。而市场上推出更加完善的新产品会取而代之，消费者的忠诚度也会下降，需求也会逐渐减弱，销量与利润都会大不如从前，那么这时候可以采取一些打折促销，如满减，打折包邮。

?? 想一想

分析以下案例中的定价策略。

在比利时的一间画廊里，一位美国画家正和一位印度画家在讨价还价，争辩得很激烈。其实，印度画家的每幅画底价仅为 1 ~ 100 美元。但当印度画家看出美国画商购画心切时，对其所看中的 3 幅画单价非要 250 美元不可。美国画商对印度画家敲竹杠的宰客行为很不满意，吹胡子瞪眼睛要求降价成交。印度画家也毫不示弱，竟将其中的一幅画用火柴点燃，烧掉了。美国画商亲眼看着自己喜爱的画被焚烧，很是惋惜，随即又问剩下的两幅画卖多少钱。印度画家仍然坚持每幅画要卖 250 美元。从双方的表情中，印度画家看出美国画商还是不愿意接受这个价格。这时，印度画家气愤地点燃火柴，竟然又烧了另一幅画。至此，酷爱收藏的画商再也沉不住气了，态度和蔼多了，乞求说"请不要再烧最后一幅画了，我愿意出高价买下。"最后，竟以 800 美元的价格成交。

?? 想一想

请对以下的案例进行分析：哈尔滨某商场规定，商场的某些商品早上 9 点开始，每一个小时降价 10%，特别在午休时间及晚上下班时间商品降价幅度较大，吸引了大量上班族消费，在未延长商场营业时间的情况下，带来了销售额大幅度增加的好效果。

※ 活动评价 ※

陈帅了解到定价的学问真不少，除了常见的基于成本和竞争对手的定价，根据产品不同的阶段采取的定价方式也不同，在定价时要充分考虑消费者的需要和这个产品带给消费者的价值。

活动 3　确定定价公式

活动背景

陈帅通过调查对跨境电商商品的价格构成有了清晰的认识，有时也对定价的策略有所了解。接下来陈帅开始对手上的一款童鞋进行定价。该款童鞋进货价是 15 元／双，跨境电商包裹重量是 0.04 kg，从深圳发货到美国，采用 E 邮宝的物流方式，假定美元兑人民币汇率为 6.5。

活动实施

知识窗

FBA定价

售价＝进货成本＋跨境物流成本＋售价×佣金率＋FBA费用＋其他成本（推广费用、人工成本＋经营成本等）＋利润

FBA定价同自发货定价类似，不同在于如果跨境电商卖家采用的是FBA发货，需要额外支付FBA的费用，如订单配送费、月度库存仓储费、长期仓储费、退货处理费、计划外服务费用等。

关于FBA费用可参照FBA计算器得出，如卖家之家网址上的FBA费用计算器，如图5.3.2所示。

只需要输入产品的目标国、长、宽、高、重量等参数，就可以得出商品的FBA费用。

图 5.3.2　FBA 费用计算器

1. 计算跨境物流成本

打开 E 邮宝官网，在报价查询页面输入发件人省份、发件人市、发件人县、寄达国、重量、业务产品信息，就可以查询运费，如图 5.3.3 所示（此运费经常会调整，仅供参考），该款童鞋的 E 邮宝运费约为 29 元。

2. 计算售价

售价 ＝ 成本 ＋ 利润

＝ 进货成本 ＋ 跨境物流成本 ＋ 跨境电商平台成本 ＋ 售后维护成本 ＋ 其他成本 ＋ 利润

其中跨境电商平台成本包括佣金、店铺租金、推广费用等，佣金 ＝ 售价×佣金率，可量化在每件商品上，店铺租金、推广费用等无法量化。售后维护成本和其他成本也很难量化。为了简化起见，将这些无法量化的费用统一算入其他成本中。

售价 ＝ 进货成本 ＋ 跨境物流成本 ＋ 售价 × 佣金率 ＋ 其他成本 ＋ 利润

＝（进货成本 ＋ 跨境物流成本 ＋ 其他成本 ＋ 利润）/1－ 佣金率

＝（15＋29＋ 其他成本 ＋ 利润）/1－18%

假定其他成本和利润为 0，算出的售价为 54 元，如果按 6.5 的汇率，得出此款产品的售价为 8.3 美元，这是该商品利润和其他成本为零时的售价，在此基础上加价即可获得利润。

3. 参考平台上其他同类产品卖家的定价，制定合理的价格。

陈帅采用成本导向法，假定其他成本和利润为 0 时的售价为 8.3 美元，要在此基础上加上利润和预留出其他成本的费用，才是合理的定价。出于盈利的考虑，价格制定得越高，利润越高。但市场上同类产品太多，消费者不会为高价买单，跨境电商卖家需要给出一个同平台上同类产品竞

争者基本一致的价格,才有可能产生订单。

图 5.3.3　E 邮宝运费表

※ 活动评价 ※

陈帅通过实操得出,跨境电商商品的定价既要包括各项成本,保证盈利,又要参考平台上同类产品竞争者的定价,进行合理的定价。

合作实训

五人为一小组,为以下的童鞋(见图 5.3.4)制定合理的亚马逊 E 邮宝自发货售价。

产品类别:学步鞋

进货价:15 元

跨境包裹重量:0.05 kg

图 5.3.4　童鞋

项目总结

亚马逊的 Listing 详情页主要包含图片、价格、标题、五行卖点和产品描述。在网上购物,买产品就是"买图片",图片要有质感,要尽可能地突出产品特性和卖点。消费者对于价格十分关注,合理定价对于跨境电商卖家而言至关重要,定价既要能覆盖商品的成本,如采购价、国内物流费、跨境物流费用、平台佣金、FBA 费用等,又要保证卖家能有利润空间。标题与消费者搜索关键词的相关性会影响到产品被消费者搜索到的概率,卖家在标题中要加入关键词、产品属性词、卖点等。五行卖点要写出产品的最多卖点优势,最大化刺激购买欲望,从消费者的角度出发,突出消费者在意的那些产品性能。如果产品有一些优于同类产品的特性,一定要强调。产品描述就是对于产品核心卖点和参数的一个补充。一个优秀的 Lsiting 就是通过图片、价格、标题、五行卖点和产品描述来吸引消费者购买。

项目检测

1. 单项选择题(每题只有一个正确答案,请将正确的答案填在括号中)

(1)亚马逊产品搜索页中,产品主图的底色是?(　　　　)

　　A. 白色　　　　　　B. 黄色　　　　　　C. 蓝色　　　　　　D. 没要求

(2)在亚马逊类目中销量排名第一一定会获得什么标识?(　　　)

    A.Amazon Prime　　　　　　　　B.Amazon's choice

    C.Best seller　　　　　　　　　　D.Coupon

(3)A9算法就是亚马逊搜索算法的名称,简单理解就是亚马逊从庞大的产品类目中挑选那些最相关的客户搜索产品,并根据(　　　)进行排序,展示给客户。

    A.相关性　　　　B.统一性　　　　C.相符性　　　　D.以上都对

(4)影响转化率的因素有以下哪几个?(　　　)

    A.销售排名、出单情况　　　　　　B.Reviews、QA

    C.图片质量和价格等　　　　　　　D.以上都是

(5)相关性包含哪几个因素?(　　　)

    A.标题、卖点、产品描述　　　　　B.销量、排名、图片质量

    C.价格、出单情况、评论　　　　　D.以上都不对

2.多项选择题(每题有两个或两个以上的正确答案,请将正确的答案填在括号中)

(1)Listing包含的要素有以下哪些?(　　　)

    A.标题、搜索词、价格　　　　　　B.图片、卖点、产品描述

    C.产品信息、变体、物流　　　　　D.问答、评论

(2)A+页面优势有以下哪几项?(　　　)

    A.展示品牌和产品优势的黄金位置

    B.提高转化率、浏览量、销量,减少买家退货和差评

    C.树立品牌和提升品牌知名度,促进重复购买

    D.使用A+页面,根据以往数据统计平均销售额提升10%,平均页面访问率提升18%,售出率提升30%,转化率提升69%

(3)专业卖家必须支付哪些平台费用?(　　　)

    A.销售佣金　　　B.店铺月租　　　C.FBM费用　　　D.可能产生的广告费用

(4)商品定价时要考虑哪些因素?(　　　)

    A.进货成本　　　B.物流成本　　　C.平台成本　　　D.售后成本

3.判断题(正确的画"√",错误的画"×")

(1)亚马逊主图必须是白底图片。　　　　　　　　　　　　　　　　(　　　)

(2)亚马逊图片允许加水印和Logo。　　　　　　　　　　　　　　　(　　　)

(3)所有跨境电商卖家都能在后台设置A+页面。　　　　　　　　　　(　　　)

(4)跨境物流成本在跨境电商成本中占比较大。　　　　　　　　　　(　　　)

(5)Listing详情页主要由图片、标题、五行卖点和产品描述组成。　　(　　　)

4.简述题

简述跨境电商商品的成本构成。

项目 6
上传及编辑产品

【项目综述】

以往，SUNNY 外贸公司作为主营童鞋的传统外贸企业，都是通过参展、寄样等方式与客户达成初步成交意向，且主要是 B2B 的交易模式，面对的也主要是企业客户。跨境电商作为新兴的交易方式，主要是 B2C 的交易模式，面对的是个体消费者。为顺应市场环境变化，公司也进行了大幅转型。目前，SUNNY 外贸公司在亚马逊等跨境平台上有了较好的表现，公司发展也正在蒸蒸日上，公司工作人员对跨境电商平台的运营也有了公司的见解和模式。企业导师带领着陈帅和他的同学们也游刃有余地学习了亚马逊的相关运营，比如跨境电商的发展史、跨境电商物流、跨境电商选品及撰写 Listing 等。接下来，陈帅他们需要完成产品的上传、编辑产品等工作任务，正式踏足跨境电商平台。

【项目目标】

通过本项目的学习，应达到的具体目标如下：

知识目标

◇了解和熟悉单属性产品及变体产品

◇掌握单属性产品的上传

◇掌握变体产品的上传

◇了解和熟悉批量上传

◇了解跟卖的定义及意义

◇掌握跟卖的操作流程

◇掌握亚马逊 FBA 发货流程

技能目标

◇能独立完成单属性产品的上传操作

◇能独立完成变体产品的上传操作

◇能独立完成跟卖流程的操作

◇能独立操作完成一次完整的 FBA 发货

素质目标

◇培养学生自主探究和解决问题的能力
◇培养学生寻求帮助及表达需求的能力

【**项目思维导图**】

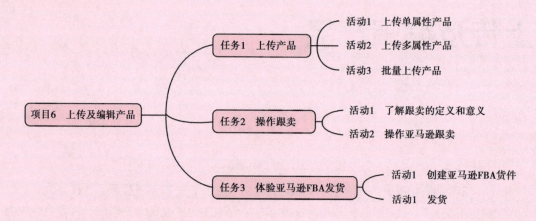

任务1 ⟫⟫⟫⟫⟫⟫
上传产品

情境设计

在前期对跨境电商运营相关工作的调研基础上,企业导师决定让陈帅他们正式试水亚马逊跨境电商平台。陈帅及他的同学们已经做好了相关准备工作,如图片准备、选取关键词、撰写产品标题、五行卖点、产品描述等,接下来就需要将公司所经营的童鞋上传到亚马逊平台进行销售。

任务分解

为了让陈帅他们更好地完成任务,企业导师按由易到难的递进方式对任务进行了划分:
①熟知亚马逊平台单属性产品上传步骤并学会上传单属性产品;
②熟知亚马逊平台变体产品上传步骤并学会上传变体产品;
③在第一、第二步的基础上掌握批量上传产品。

活动 1　上传单属性产品

活动背景

在企业导师的带领下，陈帅和他的同学们一步步完成了前期的一些准备工作，如调研市场、了解物流、选品、拍摄图片、撰写 Listing 等，目前他们需要做的是将团队选定的商品上传到亚马逊平台上进行销售。企业导师将前期大家选好的商品进行了任务分配，陈帅负责的是一款婴儿女靴，4 种颜色，分别为黑色、粉色、银色、紫色，每个颜色都有 3 个尺码，分别是 0~6 个月（S 码），长 11 cm（4.33 英寸）；6~12 个月（M 码），长 12 cm（4.72 英寸）；12~18 个月（L 码），长 13 cm（5.12 英寸）。企业导师让陈帅先上传这款女童靴的黑色 S 码。如果没有问题后续再上传其他颜色和尺寸，有任何问题都可以向企业导师们请教。

活动实施

📖 知识窗

1.类目的选择

类目的选择非常重要，类目的选择会直接影响后续产品推广的效果。如果产品类目选择有误，那后续在做站内CPC（cost per click）广告的时候，平台将没有流量分配到产品上，得不偿失。所以一般建议先查看同产品排第一或第二的竞争对手的产品类目选择，参考竞争对手的类目选择再选择自己产品的类目。

如何查看竞争对手的类目选择呢？比如准备在亚马逊美国站上传的是女童靴，所以可以在亚马逊买家平台页面首页的搜索框中输入"Baby Girl's Boots"，并点击后面的搜索键。搜索后出现这个关键词的卖家产品，如图6.1.1所示。点击进入详情页，如图6.1.2所示，拉到Product details，查看相关

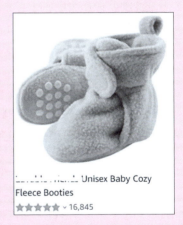

Unisex Baby Cozy Fleece Booties
★★★★☆ ∨ 16,845

图 6.1.1　搜索产品

类目的Top 100里的其他相同或相似产品（最好是Best Seller产品），通过对比选择适合自己的产品类目。

2.颜色（Color）和色系（Color Map）

商品颜色（Color）和色系（Color Map），两者比较类似且都是必填项。那颜色和色系之间有什么区别呢？

色系是指大类的颜色，是亚马逊平台对于常用颜色进行大类划分，比如红、黑、绿、黄、银色等。然而，还有一些商品介于这些常用大类颜色之间，如浅红、黄蓝、玫红等。即商品本身实际的颜色，就需要在颜色这一项填写。比如，浅蓝（Light blue）鞋子，在颜色这一项填"Light blue"，浅蓝属于大类"蓝色"，所以在色系这一项填"Blue"。如果大类颜色与实际颜色不存在差异时，这两项的填写就是一样的。色系项所填内容在前台不显示，前台显示的是颜色项所填内容。

Product details

Is Discontinued By Manufacturer : No

Product Dimensions : 5.4 x 5 x 1.8 inches; 1.45 Ounces

Item model number : 10821145

Department : Baby-girls

Date First Available : August 8, 2016

Manufacturer : Luvable Friends Children's Apparel

ASIN : B00X21N█

Amazon Best Sellers Rank: #2,026 in Clothing, Shoes & Jewelry (See Top 100 in Clothing, Shoes & Jewelry)
#88 in Baby Boys' Clothing & Shoes
#2 in Baby Girls' Boots

Customer Reviews: ⭐⭐⭐⭐⭐ ✔   16,845 ratings

图 6.1.2　类目选择

接到任务后，陈帅他们一点都不敢懈怠，赶紧查阅亚马逊平台相关产品上传的知识。通过学习，陈帅他们了解到亚马逊平台产品上传分为单个属性产品的上传和多个属性产品的上传。企业导师目前让他们先上传黑色 S 码冬靴就好，属于单属性的产品上传。经过查阅和学习相关资料后，陈帅他们信心满满地准备施展一下所学，开始按照平台的要求一步步上传冬靴。

1. 登录后台

第 1 步：选择后台语言。

登录卖家后台，一般默认的语言是英文界面。陈帅他们英语基础一般，且还没有完全习惯全英文操作界面，所以他们将语言直接调整为"中文"，在后台右上角选择所需的语言，如图 6.1.3 所示。

图 6.1.3　调整后台界面语言

第 2 步：选择"添加商品"按钮。

将鼠标移至"目录"（Catalog），点击"添加商品"（Add products），如图 6.1.4 所示或将鼠标移至"库存"（Inventory），点击"添加新商品（Add a product）"，如图 6.1.5 所示。

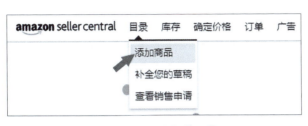
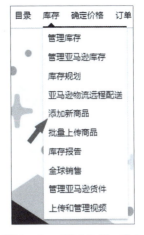

图 6.1.4　"目录"端口进入　　　　　　　　图 6.1.5　"库存"端口进入

2.添加商品

在添加商品页面点击"我要添加未在亚马逊上销售的新商品",如图 6.1.6 所示。

图 6.1.6　添加商品

3.新商品分类

选择商品分类时,一般有两种情况:①不确定自己的产品分类。在这种情况下,可以参考其他同类卖家的分类;②有些产品需要分类审核才可以销售。主要需要分类审核的类目有: Automotive Parts、Clothing、Accessories & Luggage、Collectible Books、Industrial & scientific、Jewelry、Motorcycle & ATV、Sexual wellness、Shoes、Handbags & Sunglasses、Sports Collectibles、Toys & Games(Holiday Season Only)、Watches。

如图 6.1.7 所示,根据即将出售商品的实际情况在所有商品分类里面,一个一个查找对应的分类,最后点击"选择(Select)",进入添加商品页面。

选择商品类别

选择最佳类别，这样可以确保您看到的是最适合您商品的数据输入项。直接浏览类别或使用搜索。看看您的商品是否已存在于亚马逊上。什么是商品类型？

收藏夹

您尚未添加任何收藏类别。

浏览

选择类别

☆ 器具 >

☆ 艺术品、工艺品和缝纫用品 >

☆ 汽车用品 >

☆ 母婴商品 >

☆ 美容和个人护理 >

☆ 图书 >

☆ CDs & Vinyl 🔒 >

☆ 手机和配件 >

☆ 服装、鞋和珠宝饰品 >

☆ Collectibles & Fine Art 🔒 >

搜索

搜索类别 🔍

图 6.1.7　新商品选择类别

4. 填写产品信息

新商品选择好类目后，就会进入添加商品的具体详情页面。一开始进入时只有 4 项信息（重要信息、变体、报价和图片）的页面，如图 6.1.8 所示。这一步一定要记得将右上角的"高级视图（Advanced View）"按钮点成开启状态，就会出现有 8 项信息的页面，其中标圆圈的项为必填项，如图 6.1.9 所示。根据产品的实际情况，依次填写本页面的每一项信息。

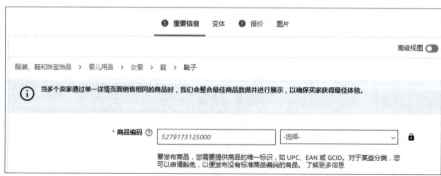

图 6.1.8　商品详情信息

图 6.1.9 页面下的每一项信息填写如下：

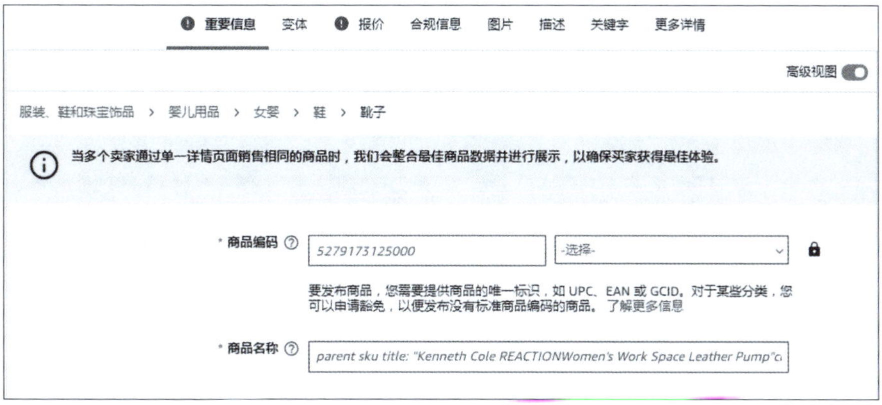

图 6.1.9 商品详情信息

第 1 项：重要信息（Vital Info），如图 6.1.10 所示。

图 6.1.10 重要信息项 Vital Info

（1）商品编码（Product ID）：这是产品标识，相当于产品的一个身份，可以先使用右边的"选择（Select）"按钮，点击它选择其中一种编码类型，然后在左边填写这个产品相对应的号码。

（2）商品标题（Product Name）：商品标题是客户除主图和其他信息外第一眼看到的信息。商品标题的填写非常重要，陈帅在此处直接填写已准备好的标题。

（3）品牌（Brand）：亚马逊特别注重客户的用户体验，鼓励卖家商品都进行品牌备案。所以此处有品牌就填写自己的品牌，没有品牌就填写"Genetic"，不要填写他人公司的品牌，否则可能会关联或触发审核。

（4）所上传的商品类目不同，这一项下面其他信息的要求不一样，可根据自己所选商品类目要求的信息及自己产品的实际情况填写，此处不赘述。

第 2 项：变体（Variations），如图 6.1.11 所示。

变体，指同一款产品，具有不同的颜色和尺码等多种属性。因陈帅目前主要负责单属性产品的上传，故此项信息直接跳过。

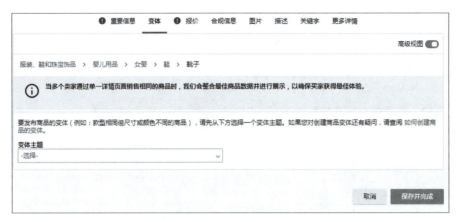

图 6.1.11　变体项 Variations

第 3 项：报价（Offer），如图 6.1.12 所示。

图 6.1.12　报价项 Offer

这一项是必填项，当然，每个类目下可能会有不同的选项。

（1）卖家 SKU（Seller SKU）：SKU 的英文全称为"Stock Keeping Unit"，卖家管理商品的一种编码，自行编写方便识别与管理后台商品的 SKU 即可。如果没有填写，系统也会随机分配一个码。

（2）标准价格（Standard Price）：也即挂牌价，这个可以根据自己想要的价格来填写，一般比下面的销售价格（Sale Price）高。此项是必填项。

（3）销售价格（Sale Price）：卖家最终销售的实际价格，即促销价。

（4）开始销售时间（Sale Start Date）：按实际选择促销价格开始的时间填写。

（5）销售结束时间（Sale End Date）：按实际选择促销价格结束时间填写，一般不确定的话，就选择长一些的时间。

回 知识窗

举一个简单的例子解释（2）、（3）、（4）、（5）项的名词含义。比如一件衣服，其吊牌价是

300元，打8折，即这件衣服最终销售价格为240元。此时，300元即是标准价格、挂牌价，240元为销售价格、优惠价。但卖家做这个促销活动是需要限定期限的，即需要填写"开始销售时间"和"销售结束时间"，等结束时间一到，如果卖家没有进行及时更改"销售结束时间"，那亚马逊平台会自动恢复成"标准价格"。所以，（3）（4）（5）项可不填，即相当于这个商品不做促销，按原价销售。也可以做促销活动，限定促销时间段。在实际运营过程中，基于消费者心理，一般都填写（3）（4）（5）项。

（6）最大的购买数量（Max Order Quantity）：一个客户一次最多能买的商品数量上限，一般情况下，这个数量设置为5~8个，主要防止竞争对手的恶意竞争。

（7）可否提供礼品信息（Offering Can Be Gift Messaged）和可否提供礼品包装（Is Gift Wrap Available）。这两项信息为非必须填写项，但在实际运营过程中建议卖家此处都选择填写，而且选填"Yes（是）"。这是亚马逊提供给卖家的免费礼品包装服务，勾选了服务可以让买家收到商品时有更美观的包装。当然，这只能是针对选择FBA发货的卖家享有的服务，FBM自发货不适用。

（8）发货给客户的渠道（Fulfillment Channel）：此项卖家可以根据自身所选择的发货方式按实际情况填写。

（9）本页的其他项填写比较简单，此处不再赘述。卖家可以根据实际情况填写必填项，非必填项可不填，也可以根据实际情况有选择性地填写。

第4项：合规信息（Compliance），如图6.1.13所示。

图 6.1.13　合规信息项 Compliance

此处填写的是一些关于电池方面等信息，如果产品不带电子电池等，此项无需填写。如果产品带电子电池等，则根据实际情况填写。

第5项：图片（Images），如图6.1.14所示。

此项直接上传已准备妥当的产品图片。

图 6.1.14　图片项 Images

第 6 项：描述（Description），如图 6.1.15 所示。

图 6.1.15　产品描述项 Description

（1）产品描述（Product Description）：直接填写已准备好的标题。

（2）商品特性（Bullet Point）：此处用来填写产品的 5 点描述，也称五行卖点。此处的信息在前台页面展现在标题下面，是产品的卖点，有字符数限制。图 6.1.15 的截图显示的是一行的描述,可以通过点击"添加(Add More)"按钮来增加其他 4 行。

(3)如果没有警告注意事项,本页的其他信息可以不用填写。

第 7 项:关键词(Keywords),如图 6.1.16 所示。

图 6.1.16　关键词项 Keywords

此项不同类目所显示的具体内容不一样,但这一项最重要、最需要填写的信息是"搜索关键词(Search Terms)",搜索关键词可以将项目五中选取的关键词填写在此处,其他信息根据实际情况可填可不填。

第 8 项:更多详情(More Details),如图 6.1.17 所示。

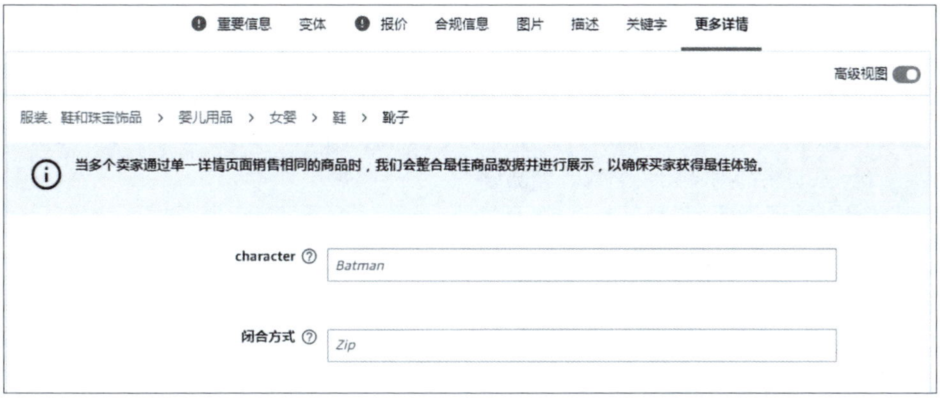

图 6.1.17　更多详情项 More Details

此项卖家可以根据自己产品的具体情况填写,主要填写产品的包装信息、产品重量、产品尺寸等,可适当地根据需要选择性地填写相关内容。

5. 检查和上传

所有的商品信息填写完成并检查无误后,点击页面右下角的"保存并完成(Save and Finish)"按钮就完成了产品的上传。注意:因亚马逊系统审核图片的原因,图片上传后可能不会马上显示出来,一般 15 分钟后就能全部显示。

多属性的产品上传的步骤是怎样的?与上传单属性产品有区别吗?

※ 活动评价 ※

在上传产品的过程中,认真、细心是非常必要的,否则,一旦将产品信息上错,要么会给公司带来巨大的损失,要么就会给公司带来麻烦。这是上传产品要谨记的点。

活动 2   上传多属性产品

活动背景

陈帅他们在自身不断的探索及企业导师们的帮助下完成了单属性产品(女童靴黑色 S 码)的上传,自信心大增,主动向企业导师申请继续将女童靴的其他颜色及尺码进行上传。企业导师对陈帅他们的工作也赞赏有加,爽快地答应了陈帅的申请。

活动实施

□ 知识窗

1. 亚马逊变体

亚马逊变体(又称父/子关系)是彼此关联的一组商品。父体(父商品)是指用于关联子商品的不可购买实体。该商品仅显示在卖家平台的搜索结果中,是产品选项(或子体ASIN)所属的主详情页面。消费者无法购买父体ASIN。子体(子商品)是在父商品下刊登的可购买ASIN,会在详情页面中显示为可用产品选项,每个子商品都会在某个方面有所不同,比如颜色或尺寸等。良好的变体商品信息能让买家在选购商品时根据所提供的不同属性,如颜色、尺寸或其他特点(如图6.1.18所示的框体),以及商品详情页面(如图6.1.18所示的属性选择不同,详情信息会跟着变化)上提供的选项比较和选择商品。

图 6.1.18   亚马逊变体示例

亚马逊变体一般适用于服饰类、珠宝首饰类等具有多个属性的商品。在亚马逊上，不是所有的类目都支持上传变体的，必须有 Variation 这个选项才可以。

2. 变体的好处

亚马逊变体的存在可以给卖家带来不少好处：

（1）带来流量和转化。有变体的 Listing 被买家搜到的可能性增大。此外，买家搜到产品后选择更多，能买到自己满意产品的概率提高。变体也能延长消费者在产品页面停留的时间，每多停留一秒，购买概率就更大，这些都能提高产品的流量和转化。

（2）为新 Listing 的推广做引流。一个新建的 Listing 没流量，可以通过和一个流量大的老 Listing 做成变体，能借用旧 Listing 的评论，增加新 Listing 的曝光量。

（3）增加产品的评论。不论消费者购买哪个变体产品的评论，其评论信息都会在同一个页面上显示，变体可以将产品的所有评论最大化。

（4）参加秒杀的条件之一。足够丰富的变体是产品参加 Amazon 秒杀活动的条件之一。

（5）优化 Listing 排名。Amazon 会让有变体的 Listing 的排名更优。

（6）A9 算法的影响因素之一。在其他因素相同的情况下，Amazon 赋予有变体的 Listing 更高的权重，可以获得更多的曝光和流量。

接到任务后，有了前面单属性产品上传的一些经验，陈帅他们快速地查阅到了亚马逊平台多属性产品的上传步骤。陈帅他们了解到，多个属性的产品也称之为有变体的产品，当需要上传多个属性的同款产品时，可以使用亚马逊变体的方式上传。陈帅他们负责的这款婴儿女靴就属于亚马逊可以上传变体的类目。陈帅他们还了解到，变体的上传主要有两种方法，一种是通过卖家后台添加产品时的"变体（Variation）"项添加多个属性，另一种方法是可以通过批量上传模板的方式上传。作为初学者，陈帅他们怕出错，准备用第一种相对简单点的方法来上传这款女童靴的多个属性到亚马逊平台上。

陈帅他们了解到如果现在要添加多属性变体，那么之前添加的黑色 S 码靴子就不能添加变体，因为自己在上传黑色 S 码靴子时是直接跳过"变体（Variation）"信息的。陈帅他们为了验证自己的猜测，来到卖家后台点击黑色 S 码靴子进行查看，正如自己所猜想的一样，点击此 SKU 链接的"变体"按钮，弹出了如图 6.1.19 所示页面，所以变体不适用于此类型。

图 6.1.19　单属性产品不能添加变体

所以，如果卖家想为某个SKU添加变体，那么卖家在一开始上传产品时就应该在"变体"项下选择好"变体主题"，即用于界定关联商品之间不同之处的类型，如颜色、尺寸、材质等。弄清楚这些基本的相关知识后，陈帅他们准备以变体的方式上传女童靴的多个颜色和尺寸。

1. 添加变体

登录后台，点击"添加新商品"按钮，前三个步骤与添加单属性产品相同。接着，来到"填写产品信息"页面。此步的填写与单属性产品相同，唯独不同之处在于，添加单属性产品"变体"项的信息填写可直接跳过。多属性产品添加应优先填写"变体"项信息（注：优先填写"变体"信息，"重要信息"项的信息平台会自动减少）。因我们这款鞋子有颜色和尺寸两个变体主题，所以选择的变体主题是"SizeName-ColorName"，如图6.1.20所示。下面有两个变体项需要填写，即颜色和尺寸。将所要添加的变体颜色、尺寸分别填入，再点击下方的"添加变体"，然后就会出现如图6.1.21所示填写变体（子体）信息。

图 6.1.20　添加变体主题

图 6.1.21　填写变体（子体）信息

2. 填写变体（子体）信息

此处卖家需要填写每个变体（子体）相关信息，填写完成后，点击下方的"保存并完成"（注：只有当"保存并完成"的字体由灰色变为亮色时，说明卖家所填变体（子体）信息符合平台规则，否则平台会自动报错，直到卖家所填信息完整并正确，按钮才会变为亮色）。到此，变体（子体）添加完成。

3.完善其他信息

完成添加变体的相关信息后，卖家只需要完成其他信息，如"重要信息""图片""描述""关键字"等的填写，这几项的填法与单属性产品填法类同，此处不再赘述。注意，有红色方框的内容为必填项，非红色方框的内容，卖家可以先不填，把框架搭起来，建立了变体之后再来上传"图片""搜索关键词"等，但"变体""重要信息""描述"项，卖家务必完成相关信息填写后才能成功搭起框架。因卖家上传的商品有变体，框架形成后，平台会自动生成"父体"链接。此外，属性不同，所上传图片不同，所以卖家可以在搭起"变体"框架后，再点击每个变体（子体）后方的"编辑"按钮上传图片。图 6.1.22 是陈帅他们完成了金色 L、M、S 三个尺码的图片上传之后，平台显示的金色 L、M、S 女童靴的父体、子体产品链接。

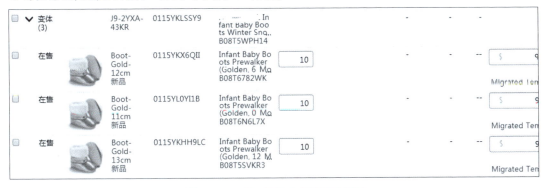

图 6.1.22　父、子体产品链接示意图

□ 知识窗

如何将单属性产品添加为子体

陈帅他们最开始上传了黑色 S 码靴子作为单属性产品，不能再添加变体。这款靴子有多个尺码和颜色，他们能不能将黑色 S 鞋添加到这款女童靴下当变体呢？答案是可以的。在添加"变体"栏目后，需要填写各变体（子体）信息时，陈帅他们可以把这款黑色 S 码靴的相关信息填写进去，并在选择"商品编码类型"时，如图 6.1.23 所示。需要选择"ASIN"码，然后在其前面的"商品编码"处（浅绿色框）复制上黑色 S 码靴的 ASIN 码即可。这样就可以把黑色 S 码靴作为变体成功地添加到了图 6.1.20 的童靴下作为变体。

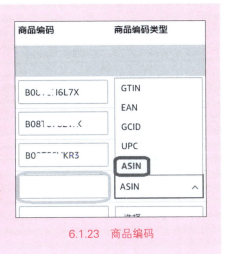

6.1.23　商品编码

?? 想一想

除了亚马逊平台有变体外，其他平台有无允许类似变体的存在呢？

有了单属性产品上传的经验，且陈帅选择的是比较简单的变体上传方式，整个上传过程都比较顺畅。当然，他也不敢沾沾自喜，毕竟上传产品是个细致的活，不能出任何差错，否则会给公司带来麻烦和损失。

活动3　批量上传产品

活动背景

> 完成了单属性产品和多属性产品的上传，陈帅他们对产品的上传已经比较熟练，也有了更多的思考。他们觉得公司产品那么多，如果我们都需要在亚马逊平台上售卖的话，一个个上传产品很费时，有没有一种方法可以一次将所有的产品上传呢？带着问题，陈帅他们找到了企业导师说出了他们的想法。企业导师说，确实存在这样的方法一次可以上传多个产品，叫作"批量上传"。企业导师吩咐陈帅他们可以先查找批量上传的相关资料，然后尝试批量上传公司的多个产品。

活动实施

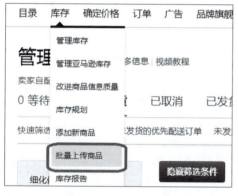

图 6.1.24　批量上传商品

经过查阅亚马逊平台的各项资料和说明以及跨境论坛上各种大咖的经验分享，陈帅他们了解到了亚马逊平台批量上传的方法。

1. 登录后台

进入卖家后台，光标移到"库存"，点击"批量上传商品"，如图 6.1.24 所示。

2. 下载库存文件

这一步需要完成以下两个步骤：

第1步：选择需要销售的商品的类型。这类同于单个上传商品，先选择自己的商品所属类目，如图6.1.25 所示。

您需要先获得亚马逊的批准，才能将商品发布在某些商品分类下。要针对特定分类申请批准，请点击相应链接并按照说明提交您的申请。

第1步：选择您要销售的商品的类型

搜索工具：

🔍 示例：mp3 播放器、棒球手套、DVD、吉他等等　　　[搜索]　清除搜索记录

要么

商品分类工具：

| Arts, Crafts & Sewing | > |
| CD和黑胶唱片 | 🔒 > |

图 6.1.25　选择需要销售的商品类型

温馨提示：

卖家根据自己销售的产品类目下载模板。品类不同，模板（Template）的格式和需要填写的内容也是不一样的。本书批量上传的相关内容都以女童靴类商品作为示范。

第 2 步：选择模板类型。此处需要选择下载模板的语言和模式，如图 6.1.26 所示。语言根据自己的实际情况选择"中文"或"English"。模式一般选择默认的"高级"，尤其是新手。自定义选项是可以选择与第一步所选商品关联并且可以添加到模板中的属性组。这个可以熟练后根据自己的实际情况选择。

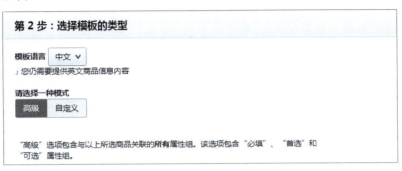

图 6.1.26　选择模板的类型

完成第 1 步和第 2 步后，点击右下角"生成模板"按钮，模板就下载成功了。下载的模板一般是 Excel 格式的，一共包含 5 个文档。批量上传模板中的 5 个 Excel 表格分别为 Example、Data Definition、Template、Browse Data 和 Valid Values，如图 6.1.27 所示。

图 6.1.27　模板文档表格

☐ 知识窗

模板内容解说

● Example：范例。亚马逊为方便卖家操作，提供了上传模版的案例演示，卖家有需要可以进行参考，新手可以认真学习。

● Data Definition：数据定义。这个表格主要是对整个批量上传模板的每一个字段进行解释说明。这个表格对于卖家来说是非常值得一看的。通过读懂这个表格，卖家可以知道在批量上传产品时有哪些要求和注意事项，然后按此表格的要求填写模板（Template）中的相关数据即可。此表格的要求（Required）栏就是规定模板（Template）表格中哪些数据是必填的（Required），哪些数据是选填的（Optional），哪些是优先填写的（Preferred）。"优先填写项"数据建议卖家填写为佳。

● Template：模板，即批量上传模板。卖家需要使用的就是这个模版，需要将产品的标题、价格、UPC、图片链接等必填内容根据数据定义表格（Data Definition）里的要求填入模板中。同时这个批量上传模板的格式是固定的，卖家不能随意修改。

● Browse Data：数据浏览。卖家将模板里的数据填写完成后，可以在这个表格里浏览到卖家所填信息。

● Valid Values：有效值。模板表格的每一项信息填写时，可供参考的有效可填信息。

3. 填写模板

根据产品实际情况以及所下载Excel表格将批量上传模板（Template）表格填写完整。表格"范例（Example）"里面有该品类每个项目填写的示范。卖家填写模板前，可认真阅读此表格，然后根据产品的实际情况逐一填写。

📝 **友情提示**

在必填项中，"main_image_url"一栏里面需要填写主图图片地址。卖家可以先将图片处理好，再将图片上传到互联网的某个空间里面。图片上传成功后，卖家找到图片，右击鼠标点击"属性"可以获取图片地址，如图6.1.28所示。这张图片是陈帅将图片上传QQ空间后，选择某张具体的图片，按鼠标右键获得的图片属性信息。方框里显示的就是这张图片的地址。将图片地址复制到对应的产品的"main_image_url"一栏就行。除主图外，其他想上传的图片也可以用同样的方法操作。

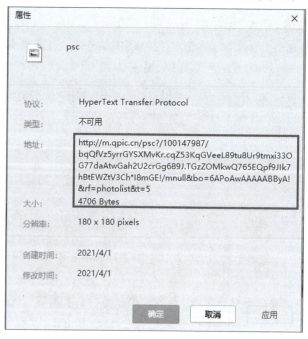

图6.1.28　互联网空间图片地址

4. 上传表格

将所有的产品信息都填到模板（Template）后，卖家可以在"上传您的库存文件"页面，选好文件类型，填写好邮件提醒后，点击"上传"按钮进行上传，如图6.1.29所示。

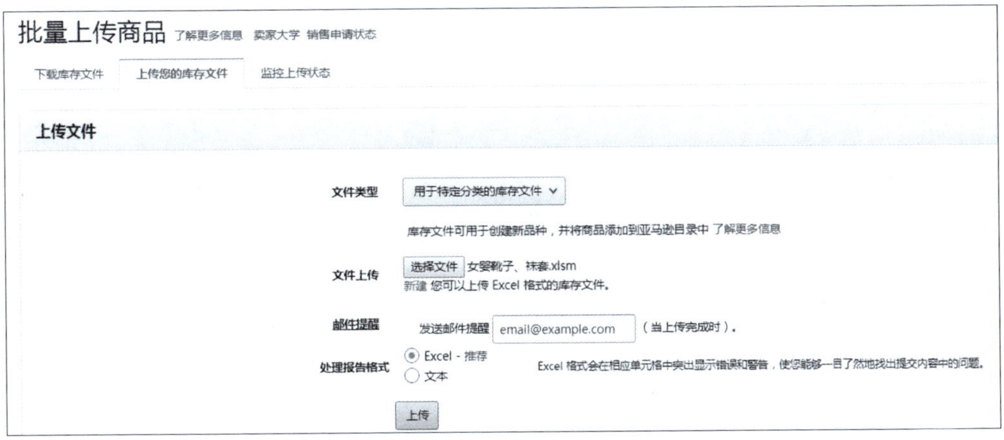

图 6.1.29　模板上传

5. 监控上传状态

上传完成后，点击下一步"监控上传状态"，如图 6.1.30 所示。点击"下载处理报告"查看表格上传情况，看看模板填写是否正确。系统会根据上传的表格判断是否存在错误。如果有错误，系统会提示，卖家可根据下载的报告提示进行更改。更改后再次重复第 4/5 步的步骤，直至模板正确上传后，即完成商品的批量上传。

图 6.1.30　批量上传处理报告

?? 想一想

归纳总结单属性产品、多属性产品、批量上传等三种产品上传的异同点。

※ 活动评价 ※

批量上传产品在需要铺货或上传多个产品时能比较省时省力，能给卖家带来效率。但是，在批量上传的过程中，每一项内容必须按照模板中的有效值来填写，每一项内容都必须填写正确，否则不能上传完整,直到按系统的要求达到正确填写后才能上传成功。这就要求上传产品时细致、认真,且在上传前读懂上传要求事项。

合作实训

上传产品是亚马逊卖家在亚马逊平台上进行售卖的必经步骤,请完成以下实训任务:选择一款具有多尺码、多颜色的产品,比如童靴、衣服等,用单属性商品上传、多属性商品上传、批量上传商品三种方法分别尝试产品上传。

任务2 >>>>>>>>
操作跟卖

情境设计

某天,陈帅他们在浏览学习亚马逊平台一些做得较好的卖家的相关产品销售信息时,无意中发现某卖家卖得好的一款童鞋后面还有多个卖家,但发现又不是每种产品都有类似的情况。于是,陈帅他们带着问题来到企业导师办公室。企业导师了解情况后,告诉陈帅他们,这是亚马逊平台上独特的功能,叫跟卖。陈帅他们一脸迷惑地看着企业导师,企业导师笑笑,交给了陈帅他们一个任务:让陈帅他们先搞清楚什么是亚马逊跟卖,其次,在亚马逊平台上学会跟卖一款产品。

任务分解

根据企业老师给的任务,陈帅他们心里大致有了思路,准备分以下两个活动来完成企业导师的任务:

①弄清楚什么是亚马逊跟卖;

②跟卖的操作。

活动1　了解跟卖的定义及意义

活动背景

在学习过程中,陈帅他们在亚马逊平台上偶然发现某一款产品有多个卖家,但大部分商品却只有一个卖家。陈帅他们请教企业导师,企业导师却只告诉了他们这是亚马逊跟卖,让陈帅他们自己去弄清楚什么是亚马逊跟卖并跟卖一款产品。陈帅他们决定不辜负企业导师的期望,好好弄清楚亚马逊跟卖问题。

活动实施

🔲 知识窗

1.跟卖的含义

跟卖是指在亚马逊平台上,为了给客户更好的用户体验,提供更多的优质选择,亚马逊允许卖家之间跟卖产品,即允许卖家在别人创建的Listing页面中销售同样的产品,多个同样的产品共享一个Listing详情页。简单来说,就是不同卖家之间的同款产品共用同一个详情页面在亚马逊平台上同时销售的情况。

2.亚马逊跟卖规则

①Listing所有权属于亚马逊。

②所有跟卖的卖家共享产品页面信息,包括图片、标题、描述等以及共享产品页面信息的曝光量和流量。所以,跟卖者只能设置自己的价格、物品新旧状况和库存数量。

③按照消费者购买习惯,在多个卖家跟卖的Listing下,占有Buy Box(购物车)的卖家成交概率更高。而按照亚马逊A9算法逻辑,购物车由平台自动分配,其依据包括不同卖家的价格、发货方式、销量和账号表现等因素。

3.亚马逊跟卖对卖家的影响

亚马逊跟卖对于卖家的影响主要有两个方面:一方面是卖家跟卖其他卖家的影响,另一方面是卖家自己被跟卖后的影响。跟卖其他卖家有好处才去跟卖,故我们暂且叫这方面的影响为跟卖的好处;被其他卖家跟卖后会产生一些不良的影响,我们暂且叫这方面的影响为跟卖的风险。

(1)跟卖的好处

①简单方便,节省时间成本。卖家无须自建Listing页面,只需要填写价格、SKU、库存数量就可以跟卖,节省了创建、优化Listing的时间。

②节省推广成本并快速获取流量。跟卖产品之间是共享Listing详情页的,只要被跟卖的产品有排名,跟卖的产品也会展现在其右下角。如此,对于一些排名靠后,没有流量和销量的产品,跟卖能够快速地获取流量,不需要任何推广费用,排名或许就是首页或前几页。这就是为什么卖家会选择跟卖的很大动因。

③抢占Buy Box(购物车)。对于新手卖家而言,最烦恼的无疑是店铺没有流量和订单。而此时能够拯救店铺的最直接方法就是跟卖,以更低的价格跟卖大卖家的产品带来更多的流量和销量。一旦转化率蹭蹭往上涨,销量和转化率都有时,就有机会抢到Buy Box(购物车)。

(2)跟卖的风险

①Buy Box(购物车)被抢占。由跟卖的优势可以看出,一旦跟卖者的销量和转化率提升,被跟卖者就有可能被抢占Buy Box(购物车),卖家自己的Listing销量就会减少。

②价格竞争激烈,利润被稀释。多个卖家同享同一个Listing,买家能同时看到同一个产品不同卖家的价格。为争取到买家青睐,这使得卖家之间的价格竞争变得更直接化,利润空间被挤压,利润降低。

③差评收到的概率增大。跟卖者的产品质量参差不齐,产品质量差、货不对版的情况会加大Listing收到差评的风险,从而影响Listing的整体表现,甚至还可能收到买家投诉。

④丧失秒杀机会。跟卖者的价格如果定得过低，这将影响参加秒杀活动时系统要求的秒杀价格，从而使得卖家丧失秒杀活动的机会，打乱运营规划。

此外，除了以上4点影响外，被跟卖的Listing还可能发生编辑权被抢走，创建Listing者丧失对Listing的控制权等。

可以看到，被跟卖有很大的风险。原本，跟卖是亚马逊平台所允许的，旨在创建一个良好健康的竞争环境。然而，有一些无良卖家为了给竞争对手造成困扰，会对竞争对手的产品进行恶意跟卖，扰乱市场秩序。故作为跨境电商从业者，应该创造公平竞争、有序竞争的营商环境，杜绝恶性竞争、恶意跟卖。

4.跟卖和反跟卖

亚马逊跟卖既有好处又有风险，接下来从好处和风险两个角度来分析如何更好地跟卖和反跟卖。

（1）跟卖

跟卖可以增加曝光量，提高订单量，但跟卖的大前提是不侵犯品牌的专属权。亚马逊平台也非常注重品牌的保护，不允许卖家之间侵权。故在亚马逊上打算跟卖产品时，一定要在侵权判定上做足功课。因此，在跟卖前，最好做到以下几个注意事项：

①尽量找没有品牌或未申请专利的产品，在商标网（比如中国商标网、美国TESS、欧盟EUIPO、世界知识产权组织WIPO等）上查询跟卖产品是否已经注册或申请品牌和专利。

②不要跟卖没有授权的世界知名品牌，如Apple、ANKER等。

③仔细查看对方Listing详情页面信息，看是否有不同之处。必须要保证自己的商品和被跟卖的商品详情页的描述要一模一样，包括品牌、图片、标题、颜色、参数、材质、包装等，以免被消费者投诉。此外，还得注意你的产品是否得到品牌授权或有无侵犯其他商家的知识产权。

④售卖同一品牌的卖家，跟卖他人时，要确保自己在亚马逊平台上获得了售卖的品牌授权。

⑤尽量不要跟卖那些没有跟卖者的Listing。

⑥如果卖家只有一个账号，不建议跟卖。

⑦留意被跟卖者的产品详情页，以防被跟卖者中途修改了详情页而卖家却不知，导致发错货而被投诉。

⑧收到被跟卖者的警告信或卖家没有授权资料时，请主动停止跟卖。

（2）反跟卖

被跟卖会给卖家带来风险，因此，卖家都不希望自己的产品被跟卖。那怎样可以做到最大限度地防止自己的产品被跟卖呢？以下方法值得借鉴：

①售卖独特产品。独特的产品是防止被跟卖的根本，尽量让自己的产品变得独一无二。主要可以从以下几个方面着手：为自己的产品设计商品Logo，并把Logo印在产品上，印在包装上。此外，为自己的产品搭配个性化的配件或独特的赠品等，让自己的产品显得独一无二也是一种方式。

②品牌备案。亚马逊鼓励企业走品牌路线，大力打击假冒伪劣行为。故卖家可以进行品

牌备案。品牌备案是亚马逊提供给品牌持有者的一层保护，防止他人侵权。如果你拥有了知识产权（专利权、商标权、版权），可以直接联系亚马逊卖家支持，投诉对方侵权。了解更多品牌备案所需资料，可扫左边二维码。

品牌备案所需资料

③加入亚马逊独家销售计划。独家销售计划（Amazon Exclusives）项目是亚马逊推出的为销售独特并具有创新性产品的企业提供服务，帮助他们发展品牌，并迅速接触到客户的一种服务项目。加入独家销售计划的卖家不仅可以获得商品营销和品牌支持，提高创意产品的品牌知名度，还可以获得全面专业的品牌保护，因为有举报的快速通道，可以有效防止被其他人跟卖，并且活动优先，享受主页独立的流量入口。

④加入透明计划（Transparency）项目。这是一个反假货的项目，能帮助追踪从制造商到最终用户过程中的库存数据，主要用于区分产品是否为正品以及追踪货物的生产日期和地点。如果卖家可以申请到这个项目，后期遇到被跟卖时，就可以通过执行侵权索赔和鉴别产品真伪的方式来申诉，保护自己的权益。不过这个目前还是邀请制，不是所有卖家都有权利申请。

⑤发警告信。一旦卖家发现自己的产品被跟卖，在第一时间给对方发出警告信。一般情况下，大多数的跟卖者在看到警告信的24小时内就会停止销售。

🔍 查一查

在亚马逊上找到一款被跟卖的商品并对比分析被跟卖商品以及跟卖商品之间的异同及其他相关信息。

?? 想一想

选择跟卖时应该注意什么？应该选择什么样的产品进行跟卖？

✎ 做一做

案例分析：某亚马逊卖家A，看到某国际知名奢侈品牌销售很是火爆，就动起了"歪心思"，开始复制别人的listing，通过自有渠道批量购进"山寨"奢侈品，放在亚马逊平台上进行售卖，效果很是不错，很快这位卖家的亚马逊账号就有了75万美金。该知名奢侈品牌发现有人正在跟卖自己的爆款，并且还是假冒伪劣产品，果断对这位亚马逊卖家进行了起诉，亚马逊为了维护品牌方的利益，立马冻结了其账号上的75万美金。之后，由于品牌方严重不满对方抄袭跟卖自己的产品，卖家A未与奢侈品牌达成和解，大量资金被冻结，导致卖家资金链断裂，陷入非常艰难的地步。

问：如果你是亚马逊卖家A，你觉得他有什么值得改进的地方，从而让自己免于陷入如此艰难的境地？

※ 活动评价 ※

通过跟卖的学习，陈帅发现亚马逊还允许这样的操作存在，也足见亚马逊平台有多看重客户的购买体验。陈帅决定日后在自己的亚马逊运营过程中，要始终将客户的体验及需求放在首位。他相信，这样的操作有利于提升公司产品在平台的表现。

活动2　操作亚马逊跟卖

活动背景

了解了跟卖的相关知识后，陈帅他们紧接着准备完成企业导师交给他们的第二个任务：在亚马逊平台上跟卖一款产品。但是，他们发现自家鞋子是自有品牌且已经在亚马逊上进行品牌备案，没有完全跟自家商品一模一样的Listing，那怎么跟卖呢？企业导师笑笑说，这次任务重在让你们去了解跟卖的相关知识，怎样防止我们的产品被跟卖。现在让你们跟卖一款产品，重在让你们掌握跟卖的操作，而不是真正让你们去跟卖他人的商品。所以你们可以在平台上选一款中意的产品进行跟卖操作，操作完成后再下架产品即可。陈帅他们瞬间心中有数，知道怎么做了。

活动实施

陈帅他们了解了企业导师的意图后，觉得这个任务就简单多了，否则还总担心自己的跟卖会侵权。于是，陈帅他们决定在亚马逊平台上选择跟卖一款童靴。

陈帅他们通过查询和学习，了解到亚马逊上跟卖操作主要有两种方法。一种是"直接在亚马逊卖家中心进行跟卖"，另一种是直接在跟卖产品页面下方进行跟卖。陈帅他们两种方法都进行了尝试。

1. 直接在亚马逊卖家中心进行跟卖的步骤如下：

第1步：在亚马逊上找到想要跟卖的产品，并在产品详情页面中找到该产品的ASIN码。比如，陈帅打算跟卖如图6.2.1所示儿童帆布鞋。

图 6.2.1　儿童帆布鞋

第2步：选好跟卖产品之后，在跟卖产品页面往下拉，找到如图6.2.2所示的跟卖产品的ASIN码信息（方框所标示的内容）。

图 6.2.2　跟卖产品的 ASIN 码

第 3 步：登录卖家后台。将光标移至"目录（Catalog）"，点击"添加商品（Add products）"或将光标移至"库存（Inventory）"，点击"添加新商品（Add a product）"，同上传新产品的第一步操作。然后就出现如图 6.2.3 所示的页面，在该页面的搜索框中输入第 2 步找到的 ASIN 码，接着点击搜索图标。

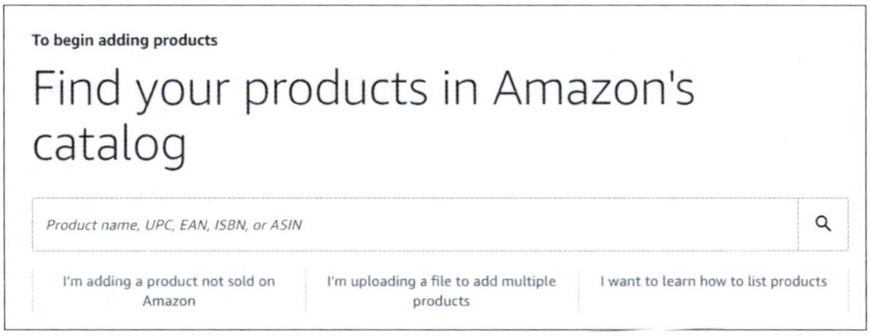

图 6.2.3   搜索 ASIN 码页面

接着，出现如图 6.2.4 所示页面。

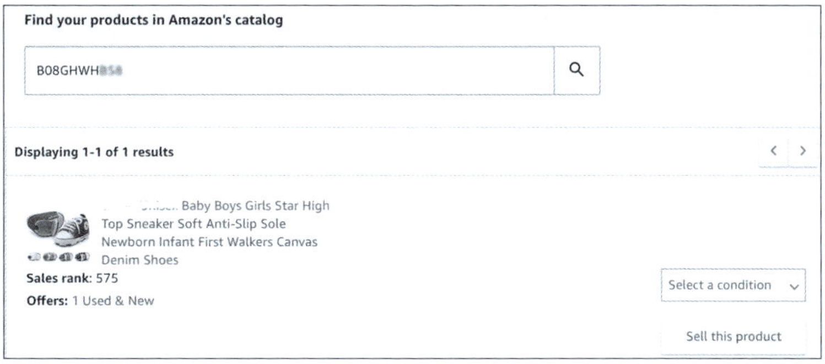

图 6.2.4   搜索到的跟卖产品

第 4 步：在图 6.2.4 所示的图片中点击右下角的"Select a condition"，此时会出现一个"New"的选项（这里选择所卖的产品是全新货还是二手货，目前亚马逊平台上只有"New"这个选项），如图 6.2.5 所示。选中"New"，然后接着点击下方的"Sell this product"，就代表你准备跟卖此商品了。

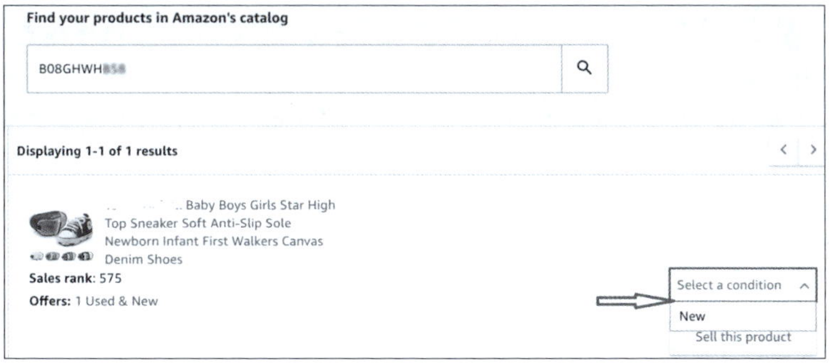

图 6.2.5   跟卖产品操作

第5步：完成第4步后，就会来到图6.2.6所示的页面，也就是填写自己产品相关的信息。此页面两项内容是必填项，即方框显示处的内容为必填项。跟卖的产品价格和数量填写好后，再点击下方的"Save and finish"，即完成了该款产品的跟卖。

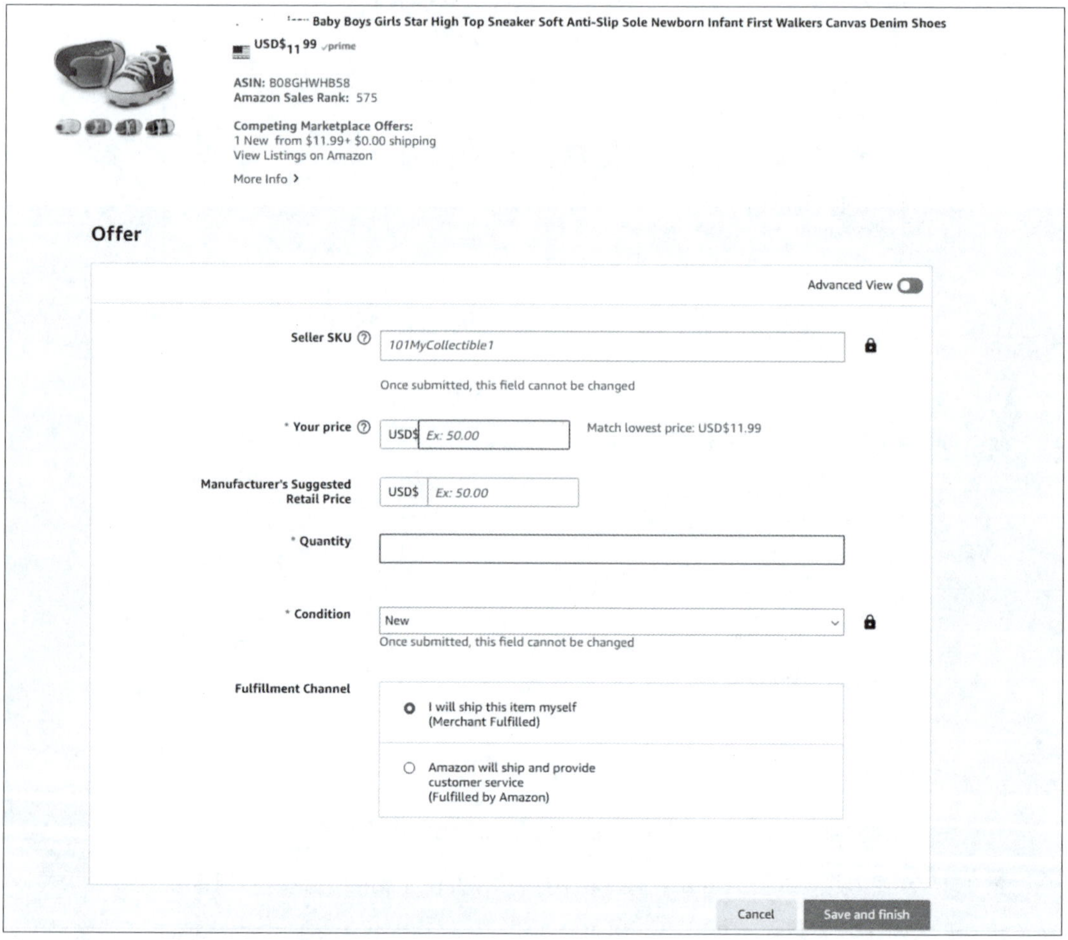

图 6.2.6　跟卖产品信息填写

🔖 友情提示

本步骤如上所述，填完两项必填内容后即可完成该款产品的跟卖。值得注意的是，此页面的第一项内容"Seller SKU"虽然为非必填项，但在实际工作中建议卖家将自己定义的 SKU 填上。卖家 SKU 主要是便于卖家在后台进行产品管理，即看到自定义的 SKU 就大体知道此 SKU 代表哪个产品，否则得一个个点开产品链接确认是何款产品，效率将大大降低，成千上万的产品管理起来就更困难了。一般来说，卖家 SKU 可以根据自己的习惯、喜好定义，也可以加上货号等。比如卖家 SKU 定义为"Sandal-White-S"，卖家看到后就清楚该产品是"黑色小码凉鞋"，便于管理。

2. 直接在跟卖产品页面下方进行跟卖

此种跟卖方法更加简单。如果看上某款产品准备跟卖，直接点击欲跟卖产品页面的购物车下方的"Sell on Amazon"，如图6.2.7所示。接着，到达方法1下的跟卖产品信息填写页面，也就是图 6.2.6 页面。接下来的操作类同方法 1 的步骤。

图 6.2.7　跟卖产品页面跟卖

?? 想一想

通过相关知识的学习，怎样才能做到合理跟卖呢？

※ 活动评价 ※

跟卖虽然能够带来短时的产品流量，是跟卖的优势，但同时跟卖也存在风险，尤其对于自己作为跨境电商小白来说，还可能对店铺造成风险。故在条件不成熟、经验不足的情况下，还是不要随便去跟卖他人的产品，还是踏踏实实走好每一步，用心经营账号，不走捷径。

合作实训

学习了亚马逊平台跟卖的操作后，请在亚马逊平台上完成 1~2 款产品的跟卖。

任务3 >>>>>>>>
体验亚马逊FBA发货

情境设计

在企业导师的带领下，大家对跨境电商的相关操作也越来越熟练，陈帅他们上架在亚马逊平台的产品也开始陆续出单。随着对跨境电商操作的熟练及出单量的不断增长，企业导师要求陈帅他们开始备货亚马逊仓库。

任务分解

企业导师让陈帅他们分两个活动去完成此任务：
①创建亚马逊 FBA 货件；
②发货。

活动1 创建亚马逊FBA货件

活动背景

通过与企业导师的学习及自己查阅的相关资料及论坛后,陈帅他们得知了亚马逊FBA发货相关知识和注意事项,他们必须抓紧时间完成企业导师交代的任务——创建FBA货件。时间已经过去半天了,还剩两天半,必须出色、认真地完成企业导师交代的任务。

活动实施

陈帅开始一步步创建亚马逊FBA货件:

1. 选择发货产品

登录卖家后台,选择库存下拉菜单的第一个"管理库存",进入卖家上架产品页面。选择欲发货产品,勾选其前面的方框。接着根据实际情况选择图6.3.1中方框中的一项,如图6.3.1所示。这里是体验亚马逊FBA发货,故选择"转换为'亚马逊配送'"。

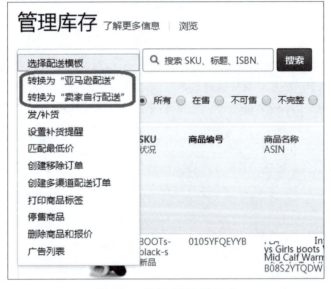

图6.3.1 选择产品配送方式

2. 转换为亚马逊配送

选择完商品配送方式后来到如图6.3.2所示页面,继续根据实际情况点击右下角的"只转换"或"转换并发送库存"。"只转换"表示只选择亚马逊配送货物,暂时不发送货物去亚马逊仓库,以后再发;"转换并发送库存"表示此次不仅转换为亚马逊配送货物且本次就将发货至亚马逊仓库。

图 6.3.2　转换为亚马逊配送

3. 添加危险品信息

完成转换并发送库存后出现如图 6.3.3 所示的危险品信息页面,点击"添加危险品信息"(方框处)按钮,出来如图 6.3.4 所示的页面。按实际情况填写"电池信息""商品法规信息",如果都没有,就勾选"否"。填写完成后点击"提交"按钮,然后继续回到图 6.3.3 所示的页面,然后继续点击"保存并继续"按钮。

图 6.3.3　添加危险品信息

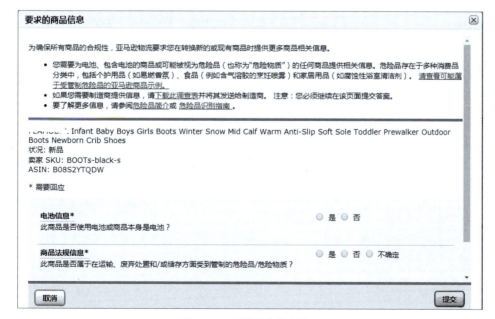

图 6.3.4　危险品的信息填写

4. 创建入库计划

点击"保存并继续"后跳转到如图 6.3.5 所示的创建入库计划的页面。此处可以根据实际情况选择"创建新的入库计划"或"添加至现有入库计划"（现有入库计划是指卖家之前已创建但还没实际发货亚马逊仓库的入库计划，如果还可以添加商品，可以选择此项）。发货地址一般是平台默认公司注册时所登记的地址，如果卖家的发货地址不是注册地址话，可以选择"从另一地址发货"，然后填上具体地址。包装类型也是根据实际情况选择，选择"混装商品"即拼箱或"原厂包装发货商品"即整箱发货，一般默认为"混装商品"，混装商品也是常用的类型。该页面信息都填写完成后，点击右下角的"继续处理入库计划"并继续。

图 6.3.5　创建入库计划

5. 设置数量

创建好入库计划后，页面跳转到如图 6.3.6 所示的设置数量的页面。这里分别点击相应按钮完善以下几项信息：

第 1 项：添加商品。如果卖家还想添加其他欲发货亚马逊仓库的商品，卖家可以点击本页的"添加商品"按钮进行添加。

第 2 项：所有商品。此项下面显示了一开始所选择的所有发货商品。如果商品是第一次发货，需要补充商品的相关信息，如包装尺寸、重量等。如果之前填过，之后就不再需要填写相关信息。完善所发货商品信息后，如果还想添加其他商品也可以点击页面上的"添加商品"按钮添加并完善相关信息。

第 3 项：必填信息。点击此按钮查看平台对于所发货还需要填写哪些必须填写的信息，依次填写完整即可。

第 4 项：需要删除。英文显示为"Removal Required"，即是否存在亚马逊禁售的产品。如果有，删除掉。

完成以上几项操作之后，点击"继续"按钮，完成此步操作。

图 6.3.6　设置数量

6. 预处理商品

此步主要是选择是否需要亚马逊提供预处理服务，页面如图 6.3.7 所示。选择右下角下拉菜单里的"卖家"，继续点击"需要准备"按钮看提示语。因为此步选择的是卖家预处理，不需要亚马逊提供服务，故直接点"继续"按钮即可。"可能需要准备"按钮点击查看，此处也是选择预处理方为"卖家"即可。

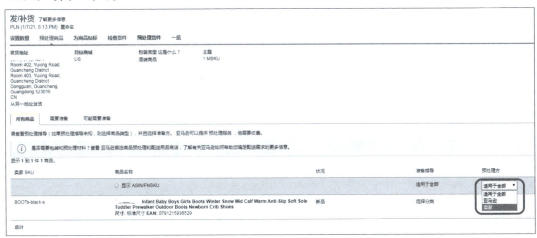

图 6.3.7　预处理商品

7. 为商品贴标

为商品贴标这一步主要有两种条形码可供选择，一种是制造商条形码（manufacturer

barcode），条形码以"B0"开头，如图 6.3.8 所示；另一种是亚马逊条形码（Amazon barcode），条形码以"X0"开头，如图 6.3.9 所示。如果是新设店铺首次 FBA 发货创建货件，亚马逊平台会自动弹出窗口询问选择"亚马逊条形码"还是"制造型条形码"，一般都是选择亚马逊条形码，因为选择制造商条形码可能会造成"生成不了标签""同一厂家产品混储"等问题。选择好之后发货平台都会默认亚马逊条形码，除非卖家需要更换，更换路径为卖家后台"设置→亚马逊物流→条形码首选项"。

图 6.3.8　制造商条形码　　　　　图 6.3.9　亚马逊条形码

设置完条形码类型后，卖家需要给发送至亚马逊仓库的商品贴上亚马逊平台的专用标签，如图 6.3.10 所示。因为这款商品是第一次发货，故点击此页面下方的"打印此页面上的标签"，弹出一个要求下载标签的对话框，保存即可（因商品日后可能多次发货，标签一旦生成以后都不变，故卖家可以将每个商品的标签进行保存）。如果不是第一次发货，且以往有保存，此步骤可直接跳过，点击"继续"按钮。

图 6.3.10　为商品贴标

8. 查看货件

这一步亚马逊平台会根据卖家发货的产品数量创建货件，且亚马逊平台会根据 SKU 的尺寸、

分类等的不同将卖家的产品拆分为多个货件,不同的货件可能分配到不同的亚马逊仓库运营中心,
如图 6.3.11 所示。

图 6.3.11   查看货件 1

这一步亚马逊已经给卖家创建好了货件,卖家要做的是"检查货件"。卖家可以依次点开每个
货件的"查看货件内商品"进行检查。检查确认无误后,可以点击右下角的"确认货件"按钮继续。
此时,亚马逊平台会为每一个货件分配仓库运营中心。不同的运营中心,所处的地理位置不同。本
页面根据卖家所发货数量 50 个相同 SKU 共生成了 3 个货件,如图 6.3.12 所示。这页主要有 3 个
按钮需要处理,如图 6.3.13 所示,"处理货件""查看货件内商品""下载 SKU 列表"。

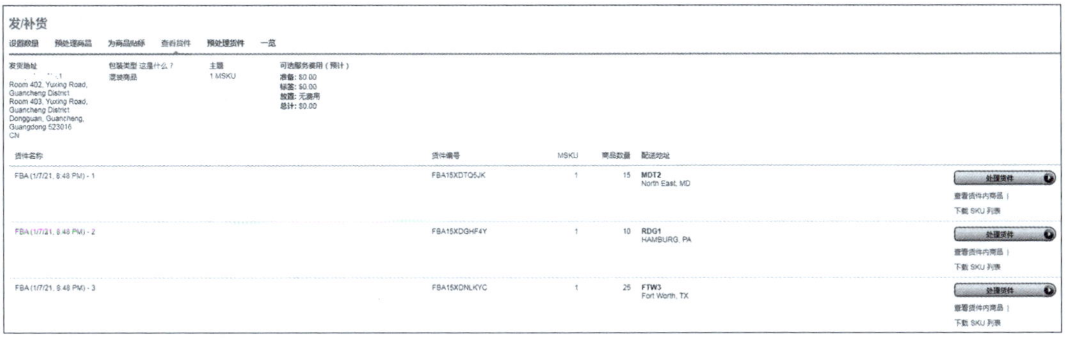

图 6.3.12   查看货件 2

● 查看货件内商品:主要查看卖家欲发货的 SKU 是否都包含在这一个货件或者说这个货件
是否能满足卖家发货需求。

● 下载 SKU 列表:指货件里包含的每一个产品 SKU 的情况表格,卖家有需要就点击下载,
无需要就可以不管。

卖家从所生成的货件里选择能满足卖家发货需求的货件,点击"处理货件"即完成本步骤。

品数量	配送地址	
15	**MDT2** North East, MD	处理货件 ▶ 查看货件内商品 | 下载 SKU 列表
10	**RDG1** HAMBURG, PA	处理货件 ▶ 查看货件内商品 | 下载 SKU 列表
25	**FTW3** Fort Worth, TX	处理货件 ▶ 查看货件内商品 | 下载 SKU 列表

图 6.3.13　查看货件 3

✎ **友情提示**

这一步生成的货件一开始可能都不满足卖家的发货需要，则卖家需要返回再重复第 8 步，直到生成能满足卖家发货需求的货件为止。总的来说，就是需要卖家多次调整以获得满足自己发货需要的亚马逊发货仓。或者可扫二维码了解更多亚马逊分仓、合仓的内容，以便更快、更有效地生成卖家想要的货件。

亚马逊分仓
和合仓

9. 预处理货件

完成上一步操作继续后，来到"预处理货件"页面。这一步骤一共需要完成 4 项内容，即检查货件内容、配送服务、货件包装、货件标签。

第 1 步：检查货件。此处可以查看和修改商品数量，但更改范围只能是数量的 5% 或 6 件。这个 5% 或 6 件既可以减少也可以增加，但数量必须在 5% 或 6 件的范围内。比如，某个 SKU 建仓时欲发货 10 件，那此处可以选择最终发货的数量，范围为 4~16 件。点击如图 6.3.14 所示的"检查并修改商品"按钮，修改并确认后点击"隐藏商品"按钮，完成第一项的内容。

图 6.3.14　检查货件内容

　　第 2 步：配送服务。此处的配送服务是指卖家将商品通过什么方式配送至亚马逊仓库。卖家可以根据自己的实际情况及平台页面的说明进行选择。如图 6.3.15 所示，这是陈帅选择的配送服务方式，他选择了"小包裹快递"配送方式，选择了"空运"配送模式，承运人为"FEDEX GROUND（CORPORATE）"。

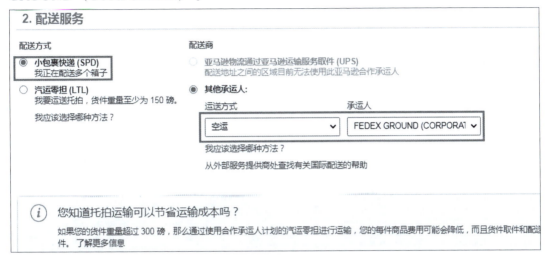

图 6.3.15　配送服务

　　第 3 步：货件包装。此处需要卖家选择发货的包装，主要有两个选择，即"所有商品装于一个箱子"或"多个箱子"，如图 6.3.16 所示。如果卖家此次所发货物都装在一个箱子里，则卖家选择第一个"所有商品装于一个箱子"，选择后页面会更新，更新后需要卖家填写箱子的重量及尺寸，如图 6.3.17 所示。如果卖家此次所发货物装在多个箱子里，则卖家选择第二个"多个箱子"，选择后页面也会更新，更新后出现如图 6.3.18 所示的信息。此处一般有 3 个选项：使用网页表格、上传文件、跳过箱子信息并收取人工处理费用。图 6.3.18 是卖家选择"多个箱子"平台自动更新后默认的选项，也是亚马逊平台提倡的选项。此时卖家需要点击"生成装箱单模板"，并在模板里填写箱子的相关实际数据并上传。如果卖家不想选择"上传文件"，也可以选择"使用网页表格"填写相关的装箱单信息。此时，平台根据选择变换后重新更新，出现如图 6.3.19 所示的多个箱子的详细信息，卖家按要求填写即可。此外，"跳过箱子信息并收取人工处理费用"一般都不选。总之，此步推荐使用亚马逊平台提倡的"上传文件"选项。箱子信息填写完成后，点击"确认"按钮即完成信息的填写。

图 6.3.16　货件包装　　　　　　　图 6.3.17　一个箱子的信息

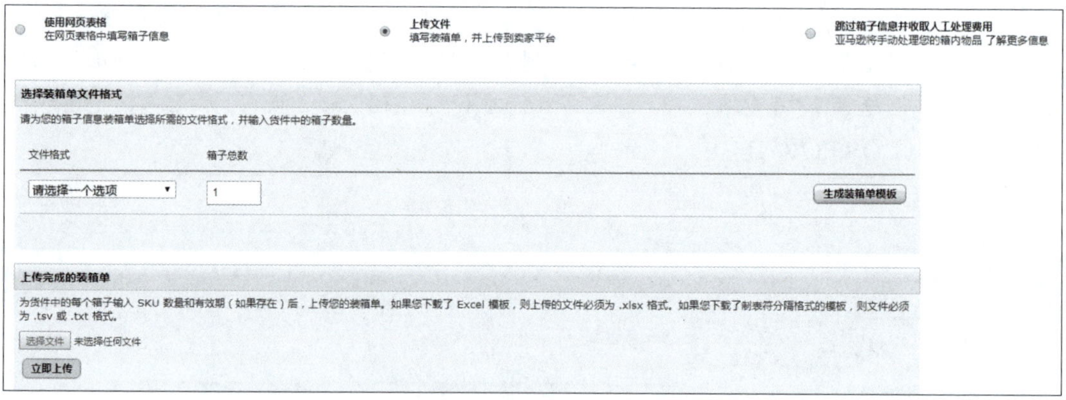

图 6.3.18　一个箱子的信息

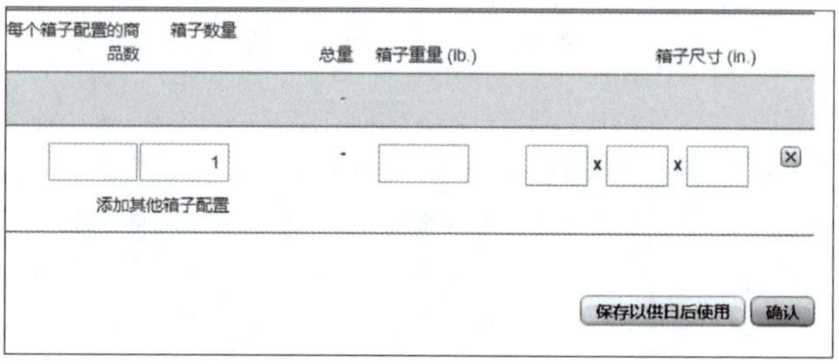

图 6.3.19　多个箱子的信息

第 4 步：货件标签。这一项是需要卖家打印贴在货件包装上的标签,即贴在运输包装上的面单。卖家可根据打印机选择跟打印机格式兼容的纸张类型,共有 3 种可选：Plain paper、空白矩形标签、热敏打印纸。通常选择默认的第一个"Plain paper"。接着,选择好发货日期,即卖家将库存交给承运人的日期。此日期主要是便于亚马逊提前准备接收卖家的库存。在卖家确认发货后可以更改为实际的发货日期。发货日期填好后,其下方的"打印箱子标签"就会由灰色显示为亮色,此时卖家就可以点击此按钮打印货件标签。这一项的填写示意如图 6.3.20 所示。

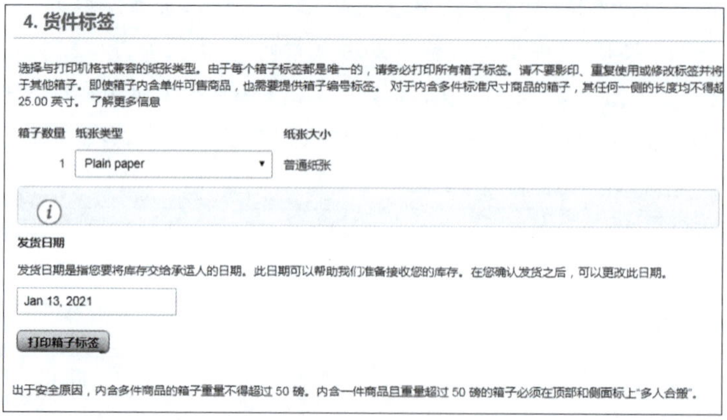

图 6.3.20　货件标签打印

10.完成货件

所有信息都检查核对完成后,点击"预处理货件"页面的右下方"完成货件",亚马逊 FBA

发货平台操作步骤完成，剩下的就是按货件分配好的商品打包、贴商品标签、装箱、贴货件标签，交付承运人即完成 FBA 发货。

?? 想一想

FBM 发货和 FBA 发货两种发货方式各自的优缺点有哪些？如何选择这两种发货方式？

※ 活动评价 ※

陈帅他们终于完成了货件的创建，暂时感觉小松了一口气。创建货件一环扣一环，每一环都不能出差错，否则会影响整个货件的创建。这次创建货件他们虽然顺利完成了，但是离熟练还有一段路要走，这种实操事情得多练习，才能熟能生巧，提高效率。

活动 2　发　货

活动背景

经过半天的努力，陈帅他们离完成企业导师交代的 FBA 发货任务又更近了一步。创建了 FBA 货件，接下来更多的是体力和脑力活动的结合，他们需要将本次发货的商品进行再次包装，然后进行装箱并联系物流商发货。

活动实施

知识窗

亚马逊FBA商品装箱注意事项

商品装箱既要考虑亚马逊平台的要求，又要尽可能地多装商品，降低物流成本。卖家一定要认真查看并时时关注FBA的入仓规则，否则，不规范的操作会影响入仓时效，甚至还会出现辛辛苦苦发出去的货物被亚马逊仓库拒收的情况。比如，FBA要求，纸箱的任意一边尺寸不得超过63.5 cm，除非单件销售的商品尺寸本来就超过63.5 cm。此时，超过尺寸的纸箱就必须放在1 m×1.25 m的托盘上，否则亚马逊仓库会拒收。总之，卖家一定要认真研读FBA入仓要求，装箱及选择箱子时要考虑亚马逊FBA入仓规则。

陈帅他们准备一步步完成发货的最后环节：

1. 商品包装

大部分做跨境电商的企业自身都不是工厂店，都是与厂商合作，此外，国内销售商品包装跟国外商品包装要求也不一样。因此，卖家一般都是从厂商处将商品订购进来，然后再按照自己的要求进行包装。哪怕卖家不进行二次包装，但无论如何都得在包装上贴上创建货件环节产生的亚马逊条形码，如图 6.3.21 所示，陈帅他们对发货商品进行了重新包装。

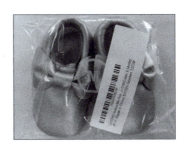

图 6.3.21　商品包装

图 6.3.22　商品装箱

2. 商品装箱

陈帅他们将此次准备发 FBA 仓库的商品都进行了重新包装，且贴上了亚马逊条形码。接下来，他们需要按亚马逊平台进行的分仓情况、自己所选择的货件包装类型及平台要求将货物装箱，如图 6.3.22 所示。此处有一个非常重要的信息要注意，亚马逊平台规定发货的每个箱子重量要小于 50 磅（约 22.7 kg），如果超过这个重量就需要在箱子上面贴上超重标签。超重标签没有规定格式，能表达其意即可。

货物装好箱子之后，陈帅他们还需要在外箱上贴上创建货件环节打印的箱子标签，如图 6.3.23 所示（这个是在之前环节点击"打印箱子标签"后，会弹出一个对话框，让保存标签，图 6.3.23 即为保存的电子货件标签样本）。陈帅他们了解到亚马逊平台对于箱子上的标签贴法是有要求的，平台给出了"箱子标签粘贴说明"及示意图，如图 6.3.24 所示。通过粘贴说明及所打印的标签样本，陈帅知道图 6.3.23 的箱子标签应该贴于图 6.3.24 所示的"亚马逊物流箱子编号标签"处。

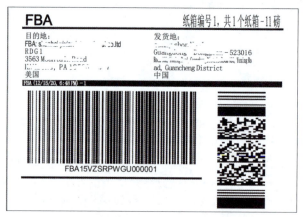

图 6.3.23　箱子标签

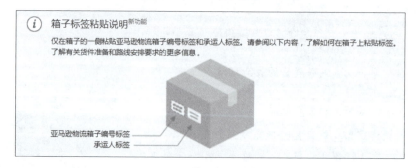

图 6.3.24　箱子标签粘贴说明

3. 联系物流商

货物装箱完成了，现在陈帅他们要做的就是联系物流商。根据之前学习的国际物流知识对比当下各大常见的物流商以及企业导师对物流时效的要求后，陈帅他们决定此次发货选择联邦国际快递(Fedex)。陈帅他们联系了联邦国际快递业务员,联邦的业务员发了一份联邦发票给陈帅他们,如图 6.3.25 所示。

图 6.3.25　联邦发票

陈帅他们根据所发货物如实填写,用于后续出口、进口报关。此外,陈帅他们还需要在联邦国际快递后台系统录入本次发货的相关信息,如图 6.3.26 所示。陈帅他们在联邦国际快递业务员的指导和配合下,完成了相关内容的填写,并贴好了标签,如图 6.3.27 所示。接下来,陈帅他们坐等联邦快递的业务员上门收件。

图 6.3.26　联邦国际快递快件录入系统

4. 追踪货件

FBA 发货完成后,亚马逊平台为了方便卖家追踪货件,了解货件进展情况,卖家后台可以随时查看货件活动,如图 6.3.28 所示。卖家创建完货件后,"已创建货件"进度条(图 6.3.28 中星星处)会变成亮色。后续根据货件的实际情况,卖家能得知货件的实际动态,直到最后一个进度条"已完成",才说明这批货正常入库到亚马逊仓库。如果在"正在接收"这个环节,亚马逊仓库不能正常入库的话,亚马逊平台会给出相应的问题提示,卖家根据亚马逊平台给出的相应提示进行操作并完善,直至货件达到最后一个环节"已完成"。货件正常入库后,亚马逊仓库会根据

图 6.3.27　外箱贴标

收到的产品进行入库操作并将入库的产品数量直接更新到卖家店铺上。至此,亚马逊 FBA 发货操作即完成。所以,接下来,陈帅他们就要追踪此次发货货件动态,直至商品顺利进入亚马逊仓库。

图 6.3.28　货件动态

?? 想一想

有什么方法或诀窍让亚马逊平台的货件分配能更有效地满足卖家发货要求？

※ 活动评价 ※

陈帅他们完成了对亚马逊 FBA 发货操作后，发现自己手心都是汗。因为他们担心因自己的操作失误，导致货物发出去了但是亚马逊仓库不能正常收货或是货件内的货物检查失误等。当所有的操作完成后，他们长吁了一口气，总算是顺利完成任务。

合作实训

以小组为单位完成以下商品的 FBA 发货流程，每个小组在完成实训的过程中将每一步骤进行截图并保存，然后每个小组上台用 PPT 阐述每一个步骤的轨迹和缘由。切记：在"打印货件标签"后，务必不能点击"完成货件"按钮，否则没有安排真实的 FBA 发货，亚马逊平台会做出相应的惩罚。

表 6.3.1

商品名称	颜　色	数量/双	尺寸/cm×cm×cm
男童鞋	黑色	30	20×15×8
男童鞋	白色	30	20×15×8
男童鞋	卡其色	30	20×15×8
男童鞋	蓝色	30	20×15×8

项目总结

　　产品上架是亚马逊运营中比较基础、事务性的工作,比较烦琐、枯燥。通过本项目的学习,陈帅他们已经完全掌握了亚马逊平台产品的上传和相关编辑技能。尽管产品的上传是步骤化的,尤其是在前期相关准备工作都做好的前提下,陈帅他们只需要一步一步地跟着平台的指示进行即可。然而,陈帅他们最大的感触是上传产品及亚马逊 FBA 发货都是非常细致的工作,在日后学习和工作中要不断培养自己的耐心和细心,确保不因自己粗心大意的操作给账号带来麻烦,给公司带来不必要的损失。

项目检测

1.单项选择题(每题只有一个正确答案,请将正确的答案填在括号中)

(1)批量上传模板不包括以下哪项内容?(　　　　)

　　A. example　　　B. template　　　C. valid values　　　D. data

(2)以下哪项不是跟卖所带来的风险?(　　　　)

　　A.丧失秒杀的机会　　　　　　　B. 推广商品

　　C. Buy Box(购物车)被抢占　　　D. 收到差评的概率增大

(3)跟卖的好处不包括以下哪个?(　　　　)

　　A.节省时间成本　　　　　　　　B. 提高推广成本

　　C.抢占购物车　　　　　　　　　D. 简单方便

(4)变体主题不包括以下哪种?(　　　　)

　　A.尺码　　　B. 颜色　　　C. 颜色尺寸　　　D. 边长

(5)商品编码一般选择(　　　　)。

　　A. UPC　　　B. SKU　　　C. ASIN　　　D. FNSKU

2.多项选择题(每题有两个或两个以上的正确答案,请将正确的答案填在括号中)

(1)报价选项需要填写以下几项内容?(　　　　)

　　A.销售价格　　　　　　　　B.开始销售时间

　　C.销售结束时间　　　　　　D.发货给客户的渠道

(2)变体的好处(　　　　)。

　　A.带来流量和转化　　　　　B.参加秒杀条件之一

　　C.增加产品评论　　　　　　D.为新的 Listing 引流

(3)亚马逊平台允许跟卖,在跟卖中,卖家只需要设置以下哪几项信息?(　　　　　)

　　A.价格　　　　　　B.商品详情　　　　　C.产品新旧情况　　D.库存数量

(4)反跟卖的方法有(　　　　　)。

　　A.品牌备案　　　　　　　　　　B.加入亚马逊独家销售计划

　　C.售卖独特产品　　　　　　　　D.优化自己的 Listing

(5)货件包装有以下哪两种方法?(　　　　　)

　　A.多个箱子　　　　　　　　　　B.所有商品都装于一个箱子

　　C.混色混码　　　　　　　　　　D.单色单码

3.判断题(正确的画"√",错误的画"×")

(1)商品颜色（Color)和标准色板(Color Map)两者都是一样的填写方法,没有区别。

　　　　　　　　　　　　　　　　　　　　　　　　　　　　　　　(　　　)

(2)变体,是指同一款产品,具有不同的颜色和尺码等多种属性。　　　(　　　)

(3)所有上传的商品都需要填写合规信息。　　　　　　　　　　　　(　　　)

(4)跟卖对跟卖者只有好处,故亚马逊平台提倡。　　　　　　　　　(　　　)

(5)条码类型分为亚马逊条形码和制造商条形码,X 开头的条形码是亚马逊条形码。

　　　　　　　　　　　　　　　　　　　　　　　　　　　　　　　(　　　)

4.简述题

(1)卖家如何防止自己的商品被跟卖?

(2)变体有哪些好处?

项目 7
设置站内广告及促销活动

【项目综述】

SUNNY 跨境电商公司在完成前期选品、资料准备和上架之后，发现店铺产品的浏览量非常少。在亚马逊同类目的产品中排名靠后。面对这种状况，企业导师与同学们一起进行了研究讨论。决定从两个方面来改善：一方面对标同类目产品的热销品，排名靠前的商品来优化 Listing，另一方面开始进行站内推广。相信店铺的流量一定能获得好转。

那么，如何开展有效的营销活动，将店铺内的商品快速销售出去呢？这是陈帅和同学们最关注的问题之一。如何在商品价格一样的时候，比别人卖得多；在商品质量相仿的时候，比别人价格卖得高；如何通过合适的促销活动提升销量，这是跨境电商卖家需要掌握的营销技能，特别是研究新品如何快速提升销量，提高排名。在本项目中，陈帅和同学们将学习跨境电商推广相关的知识，重点研究亚马逊站内广告和站内促销。

【项目目标】

通过本项目的学习，应达到的具体目标如下：

知识目标

◇学习和了解亚马逊站内广告的含义及类型，准入标准等相关知识

◇理解在设置站内手动广告中关键词匹配的三种模式

◇学习站内广告的设置流程并能初步应用

◇分析亚马逊广告报表，提炼表中关键数据并能提出相应优化策略

◇学习亚马逊其他常见的站内促销活动并能进行设置

技能目标

◇能掌握亚马逊站内自动广告设置流程并能独立操作

◇能对亚马逊站内自动广告报表分析，并能在此基础上设置手动广告

◇能创建其他亚马逊站内促销活动

素质目标

◇形成对市场和数据的敏感度，养成分析市场数据的习惯

◇能利用网络资源，查看、收集、了解信息，养成耐心和细致的工作习惯

◇在学习过程中，培养自主探究的精神

【项目思维导图】

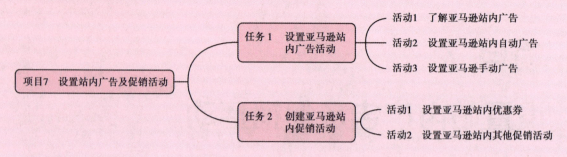

任务1 》》》》》》
设置亚马逊站内广告活动

情境设计

SUNNY外贸公司在学习调研的基础上,决定产品的推广从亚马逊站内广告开始做起。企业导师告诉陈帅和同学们,站内广告是整个亚马逊推广的起点。要求陈帅和同学们从站内广告是什么,运作原理,收费标准,设置步骤等方面全面学习和整理,并要求陈帅和同学们对指定的产品开启亚马逊站内广告。

任务分解

在设置站内广告前,陈帅和同学们准备从站内广告的基础知识,到设置自动广告,再到设置手动广告3个活动来完成企业导师交代的任务。

①了解什么是亚马逊站内广告;

②设置亚马逊站内自动广告;

③设置亚马逊站内手动广告。

活动1 了解亚马逊站内广告

活动背景

随着跨境电商的不断发展,在亚马逊平台上的竞争日趋激烈。虽然跨境电商市场有广阔的前景,但是仅靠自然流量远远达不到我们想要的理想效果。陈帅和同学们以前仅在书本上学习过一些网络营销的理论知识,但是平台不同,背后的运行机制不同。因此,陈帅和同学们从头学起,全面系统地学习亚马逊的站内广告知识。

活动实施

▢ 知识窗

1.认识亚马逊站内广告

亚马逊站内广告,是亚马逊平台推出用于卖家推广产品的极其重要一款付费引流工具。

亚马逊站内广告类似于线下商场"广告牌"的概念。在亚马逊平台有众多商品供消费者选择,竞争的白热化逐渐显现,卖家多、产品多、竞争大是必然的趋势,但同时在线购物平台是以网站或者App的形式对消费者进行展示,一屏幕网页或者一个手机屏幕展示商品毕竟有限,因此就会出现一个问题,广告牌(坑位)有限。毫无疑问,曝光是转化的基础。商品想要获取更多的曝光,促进转化,那么就需要想办法把商品尽可能地在前几页(行)进行展示。在平台自然流量日渐吃紧的情况下,广告预算(budget)越多,商品的曝光时间就越长,关键词竞价(bid)越高,商品的展示位置就越可能靠前。

2.亚马逊广告形式

亚马逊现在有三种广告形式:付费产品广告(Sponsored Products)、标题搜索广告(Headline Search Ads)和产品展示广告(Product Display Ads)。

(1)付费产品广告(Sponsored Products, SP)

付费产品广告是最常见的广告类型,拥有黄金购物车(Buy Box)的产品才可以创建SP,广告会在移动端和电脑端同步显示,同学们在电脑端搜索结果页面和商品详情页面看到标有Sponsored的产品就是付费产品广告。一般的展示位置,如图7.1.1、图7.1.2所示。

这种广告基于关键词,采用竞标的方式,根据竞价和关键词表现共同决定广告位的排名,按点击收费(即Click Per Cost,通常称为CPC广告)。关键词的"表现"就是指买家通过这个关键词进入Listing后最终的转化,这是广告搜索排名的第一决定因素,比重是高于竞价的。如果关键词的转化效果不好,即使出价较高,广告位也不会排在前面。

后台设置的时候会分为自动广告和手动广告,自动广告是指亚马逊根据卖家的产品信息来投放广告,曝光率大但不够精准;手动广告需要卖家自己设置关键词,当客户搜索对应的关键字时卖家的广告才会展示。

(2)标题搜索广告(Headline Search Ads, HSA)

HSA是基于亚马逊搜索,优先于其他搜索结果而显示的图文结合的一种高曝光展示方式,适用于品牌商。当使用HSA引流时,必须尽可能地使关键词和页面相匹配。

这个广告功能以前只对VE开放。Amazon Vendor Express,简称VE,是Amazon 2016年初的时候推出的一个供应商平台,面向美国本土企业供应商,这个平台相对于Amazon的另一个供应商平台Amazon Vendor Central(简称VC)来说更加灵活,其功能更加齐全。VE和VC类似于京东自营,一般只对美国本土供应商和一些大品牌卖家开放,现在开始对进行了品牌备案的第三方卖家也开放了，通过HSA卖家可以将流量引入两类页面中：亚马逊品牌页面，通常这个页面引流效果相对较高；产品详情页，基本上是自己搜索结果的一个页面。

图 7.1.1　亚马逊付费产品广告位示意图一

图 7.1.2　亚马逊付费产品广告位示意图二

标题搜索广告对卖家主要有以下作用：不管在移动端还是电脑端，商品都拥有高度可见的有利位置；可自定义的创意允许卖家按照自己的想法传递品牌信息；关键词精准定位购物者，获得更高的销售转化率。

一般展示位置，如图7.1.3所示。

（3）产品展示广告（Product Display Ads，PDA）

PDA仅供VC卖家和VE卖家使用，比付费产品广告和标题搜索广告拥有更多的展示区域，可以展示在产品详情页面的侧面和底部，买家评论页、亚马逊以外的网站以及优惠信息页面顶部，有时候还可以出现在竞争对手的产品详情页面上。

一般展示位置，如图7.1.4～图7.1.6所示。

PDA是基于产品和买家兴趣所投放的广告，而不是基于关键字，广告会在搜索结果中页面右侧广告栏或页面底部以及客户评论页面中显示。

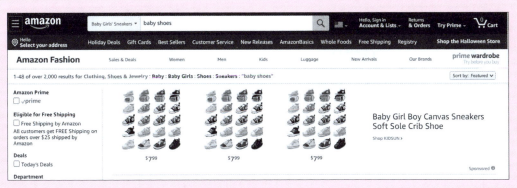

图 7.1.3　亚马逊标题搜索广告展示位

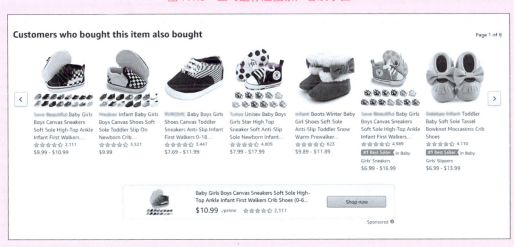

图 7.1.4　亚马逊产品展示广告位置示意图一

图 7.1.5　亚马逊产品展示广告位置示意图二

图 7.1.6　亚马逊产品展示广告位置示意图三

🔍 **查一查**

认识亚马逊广告。

第1步：打开亚马逊网站，搜索"baby shoes"，找到第一页的广告产品。

第2步：按企业导师的要求，总结广告产品有哪些特征，每组选派代表简单陈述。

?? **想一想**

我们的产品在亚马逊的广告排名和自然排名有何不同？

✏️ **做一做**

了解亚马逊广告形式。

第1步：打开亚马逊网站，搜索"baby shoes"。请按企业导师的要求，在第一页分别找到付费产品广告、标题搜索广告、产品展示广告。

第2步：按企业导师的要求，在亚马逊网站后台学习这3种广告的前置要求、计费标准等内容。

?? **想一想**

针对 SUNNY 外贸公司的情况，思考：

（1）陈帅应该开通哪种广告活动？

（2）产品销量比较高并且逐步稳定之后，还需要开广告吗？

※ **活动评价** ※

通过学习，陈帅和同学们了解到亚马逊广告的含义、三种类型及准入条件、运行机制等，明确了应该开通产品付费广告活动，为进一步做好站内广告方案做好了知识准备。

活动 2　设置亚马逊站内自动广告

活动背景

SUNNY跨境电商公司的企业导师给陈帅和同学们布置了开通亚马逊站内自动广告的任务。企业导师告诉陈帅和同学们，亚马逊站内广告只有在产品拥有黄金购物车（Buy Box）的前提下，开通的站内广告才会在前台显示。陈帅和同学们检查并优化了自己的Listing，设置了FBA发货，试运营了一段时间后，陆续有了一些订单。客户给出的评价还比较高。在上传产品2个月左右，获得了黄金购物车（Buy Box）。按照企业导师的建议，陈帅和同学们准备开通站内自动广告开始促销。

活动实施

□ 知识窗

● CTR（Click Through Rate）：有效点击率。这个指标直接体现你的广告权重，点击率越高说明越多人对你的产品感兴趣。如果CTR过低，可能会导致亚马逊广告展现也慢慢变低，这是权重下降的表现。

● CR（Conversion Rate）：订单转化率。这个转化率直接影响搜索引擎自然优化的排名（自然搜索关键词出现在第几页）和广告排名（搜索关键词广告在第几页）。

● ACOS（Advertising Cost of Sale）：亚马逊广告销售成本比，ACOS是衡量卖家广告活动表现的关键指标。简单来说，ACOS=广告总花费/广告带来的总销售额×100%，例如花10美元做广告，而广告带来的销售额是100美元，那么ACOS就是10%。所以ACOS值越低则回报率越高。

● CPC（Cost Per Click）：每次点击花费的费用，CPC=Spend/Clicks，即花费的广告费用除以点击的费用。

陈帅和同学们通过对亚马逊自动广告的学习，按照亚马逊后台提示的步骤进行了如下操作：

1.设置自动广告

第1步：进入到亚马逊官方后台，找到导航栏的"广告"，点击进入"广告活动管理"，如图7.1.7所示。

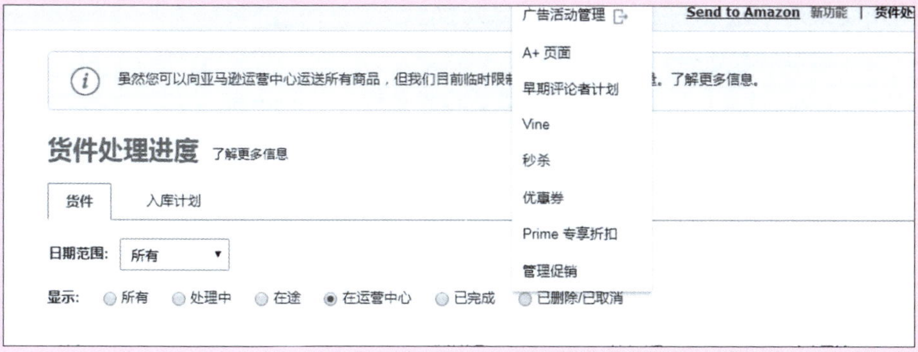

图 7.1.7　亚马逊广告界面

第2步：点击第一个选项"广告活动"，选择创建广告活动，如图7.1.8所示。

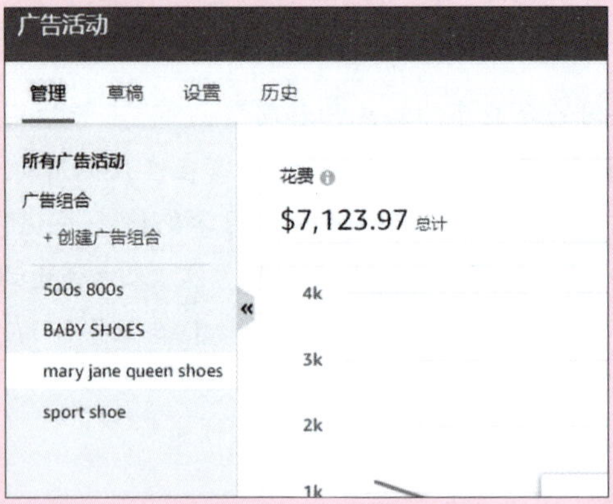

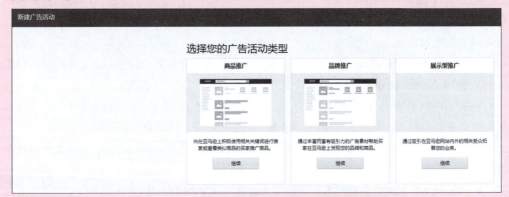

图 7.1.8　亚马逊广告活动

第3步：选择广告活动的类型，陈帅选择了商品推广，即给单个产品自主选择进行推广，如图7.1.9所示。

图 7.1.9　亚马逊广告活动类型

并在下面显示的商品中，点击添加，选择要进行推广的商品。

第4步：填写活动的名称（一般以产品名称或SKU来命名，以方便识别广告是针对哪款产品），每日预算，开始时间及结束时间，如图7.1.10所示。广告从2021年4月7日开始，然后结束选择"无结束日期"，但是在广告活动期间，可以随时把广告暂停。填写完成后选择自动投放。

第5步：设置默认竞价。根据自身资金可投入的范围和产品的情况填写合适的价格，如图7.1.11所示。

在自动广告的运行中，广告报表中会出现一些其他

图 7.1.10　创建广告活动

品牌名或与自身产品不相关的关键词。可以把这些不相关的关键词分行填在否定关键词栏框内，以节约广告费用。

图 7.1.11　自动广告设置竞价

第6步：最后点击"启动"，广告就完成了。

2. 优化自动广告

运行自动广告除了能给产品带来曝光量之外，最重要的是陈帅和同学们能通过亚马逊提供的自动广告报表来获得平台推荐的关键词等信息。

陈帅和同学们在自动广告运行一周后，下载广告报表，如图7.1.12所示。

客户搜索词	展示量	点击量	点击率(CTR)	每次点击	花费	7天总销售	ACOS	投入产出比	7天总销售量	7天的转化率
baby girl sandals	99	3	3.0303%	$0.34	$1.03	$0.00		0.00	0	0.0000%
baby girl sandals 0-3	1	1	100.0000%	$0.34	$0.34	$0.00		0.00	0	0.0000%
baby girl sandals 0-3 months	22	3	13.6364%	$0.34	$1.01	$0.00		0.00	0	0.0000%
baby girl sandals 12-18 months	7	2	28.5714%	$0.35	$0.69	$9.99	6.9069%	14.48	1	50.0000%
baby girl sandals 12-18 months wid	2	1	50.0000%	$0.33	$0.33	$0.00		0.00	0	0.0000%
baby girl sandals size 4	1	1	100.0000%	$0.35	$0.35	$0.00		0.00	0	0.0000%
baby girl sandals size 5	1	1	100.0000%	$0.35	$0.35	$0.00		0.00	0	0.0000%
baby girl sandals white buckle	3	1	33.3333%	$0.34	$0.34	$0.00		0.00	0	0.0000%
baby girl shoes sandals	1	1	100.0000%	$0.35	$0.35	$0.00		0.00	0	0.0000%
baby girl size 2 sandals	1	1	100.0000%	$0.35	$0.35	$0.00		0.00	0	0.0000%
baby girl tassel sandals	1	1	100.0000%	$0.34	$0.34	$0.00		0.00	0	0.0000%
baby girls sandals	1	1	100.0000%	$0.35	$0.35	$0.00		0.00	0	0.0000%
baby girls sandals size 4	1	1	100.0000%	$0.34	$0.34	$0.00		0.00	0	0.0000%
baby girls sandals size 5	1	1	100.0000%	$0.35	$0.35	$0.00		0.00	0	0.0000%
baby girls' hard sole sandals 12-	1	1	100.0000%	$0.34	$0.34	$0.00		0.00	0	0.0000%
baby gladiator sandals	15	3	20.0000%	$0.33	$1.00	$0.00		0.00	0	0.0000%
baby jelly sandals	59	4	6.7797%	$0.34	$1.34	$0.00		0.00	0	0.0000%
baby jelly sandals 12-18 months	4	1	25.0000%	$0.32	$0.32	$0.00		0.00	0	0.0000%
baby mexican sandals	7	1	14.2857%	$0.34	$0.34	$0.00		0.00	0	0.0000%
baby nike sandals	5	1	20.0000%	$0.35	$0.35	$0.00		0.00	0	0.0000%
baby sandal	6	2	33.3333%	$0.35	$0.70	$9.99	7.0070%	14.27	1	50.0000%
baby sandals	3596	86	2.3915%	$0.34	$29.40	$119.45	24.6128%	4.06	12	13.9535%

图 7.1.12　自动广告报表示意图

第1步：分析点击率。

在广告报表中，除了要关注展现量、单个词的ACOS外，最为重要的是要关注CTR点击率。这个参数是亚马逊对广告活动进行评价的一个重要指标。一般来讲，点击率最低不能低于0.25%。

第2步：分析展现量+点击率 +销量。

重点关注展现量大于1 000点击率最少在0.5%、且有两个以上转化的词，将这种词挑出来单独开一组手动精准的广告。

第3步：分析保本ACOS。

举个例子，一款产品的零售价格是30美金，头程费用加产品固有成本一共10美金，FBA费用6美金，那么毛利润是（30-10-6）美金=14美金，也就是说每款产品可以支出最多14美金用来支付市场营销费用，那么保本ACOS=14/30=46%。

第4步：分析整体ACOS。

整体ACOS是指广告的支出占全部销售额（包括自然订单和广告订单）的比例。例如售价20美金的产品，一共售出5件，其中1件是广告订单，其余4件是自然订单（广告订单会带动自然订单的销量），广告花费了10美金，则整体ACOS=10/5×20=10%。整体ACOS控制在10%为最优。如果整体ACOS低于10%，则可以加大广告预算，高于则要调整广告费用。

此外，报表核心考察指标还包括每个订单的费用、每次点击的费用、转化率的高低。目标是要将该词的ACOS控制在30%以下。

※ 活动评价 ※

通过对亚马逊自动广告的运行，陈帅终于对如何开通自动广告有了初步认识，特别是对自动广告报表的分析，让陈帅对产品相关的关键词有了进一步的认识，对优化 Listing 很有帮助。陈帅有信心通过对产品的进一步市场推广，让产品销量和排名都不断提升。

活动3 设置亚马逊手动广告

活动背景

随着亚马逊自动广告的运行，陈帅和同学们负责的产品订单渐渐增多。关键在于一周后，终于可以下载亚马逊自动广告报表了。经过对报表的分析，陈帅和同学们总结出十多个转化率较高的关键词。因此，陈帅和同学们准备开通亚马逊手动广告。

活动实施

▢ 知识窗

●广泛匹配（Broad Match）：包含以任意顺序排列的所有关键词，也包括复数、变体和相关关键词。广泛匹配是最模糊的匹配方式，会让更多的买家看到你的产品。

●词组匹配（Phrase Match）：搜索词必须包含确切的短语或词序。它比广泛匹配的限制性更高，一般会是广告展示在更相关的广告位。

●精准匹配（Exact Match）：精准匹配特定关键词或关键词序列，买家输入的搜索词要和关键词一模一样才能匹配（无关大小写），如图7.1.13所示。

手动广告中的关键词匹配类型

示例

Keyword:leather wallet	Keyword match type :		
Customer search terms:	Broad	Phrase	Exact
leather wallet	√	√	√
small leather wallet	√	√	×
leather wallet red	√	√	×
leather red wallet	√	×	×
leather small wallet	√	×	×
plastic wallet	×	×	×

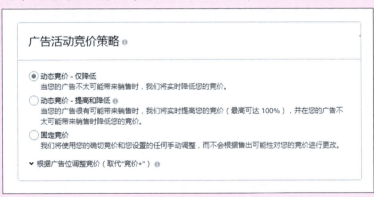

图 7.1.13　关键词匹配类型

为了对产品进行更精准的推广，降低ACOS，陈帅和同学们按企业导师的要求开通亚马逊手动广告。

第1步：选择“广告活动管理”，选择“商品推广类型广告”并选定要推广的商品。设置好名称、日期、每日金额、选择手动投放。设定每日竞价。一般在商品前期的广告投放，为了降低投放风险，都会保守选择“动态竞价-仅降低”，再设置一下默认竞价，如图7.1.14所示。

图 7.1.14　广告活动竞价策略

第2步：选择投放类型。投放类型分为两种：关键词投放和商品投放，如图7.1.15所示。

如果选择关键词投放，那么投放的商品大概率就会出现在关键词搜索页面上以及竞争对手的商品详情页中（一般是出现在详情页的下方）。关键词投放需要选择匹配类型和自己手动添加关键词，如图7.1.16所示。

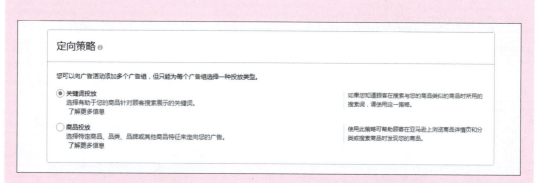

图 7.1.15　亚马逊手动广告定向策略

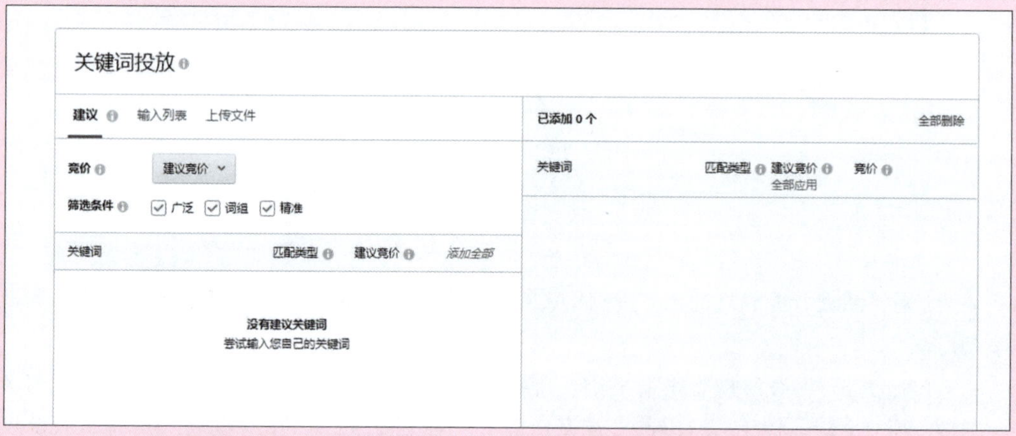

图 7.1.16　亚马逊手动广告关键词投放

　　商品投放，则是细分投放到商品的分类当中。比如卖家售卖高跟鞋，那加入商品投放，官方就会把商品投放到高跟鞋这个分类里面，而不会出现在拖鞋、平底鞋这些分类里。这样面向的消费人群也就更加精准，节省了广告投资。还可以针对某一个产品去进行投放。卖家可以专门针对竞争对手去定位，输入它的产品名称，输入它的ASIN或者是SKU去搜索。商品投放还可以选择否定商品投放，可选品牌否定或者某些商品或Listing否定。这样可以避免和大品牌大卖家进行竞争。

　　第3步：点击"启动广告活动"，手动广告就设置完成了。设置完毕后，要经常性跟踪投放的效果。如果效果不理想或者想更改推广的商品，又或者是找到了更能带来流量的关键词，可以选择手动暂停该项广告，再重新建立新的广告。

□ 知识窗

　　树立"敬业"核心价值观

　　在设置亚马逊站内手动广告的过程中，我们要秉着求真务实的科学方法论，不怕失败，多次优化。要树立爱岗敬业、精益求精的观念，以实事求是的态度来应对亚马逊站内手动广告的优化。在亚马逊手动广告优化中，主要关注展示和关键词出价。确保广告预算充足，能够获得展示。否则，广告展示不足，不能产生转化，这可能会影响广告的表现。产品的目标销售成本和利润率各不相同，因此竞价金额也各不相同。确定了最合适的优化方案后，通过每次修改一个变量来测试，并让广告运行几天来分析其效果。

①手动投放广告关键词匹配类型有三种，分别是广泛匹配、词组匹配和精准匹配。卖家要组合使用这些匹配类型选项，使广告更有针对性，更易触达潜在买家。这三种方式可以同时投放并设定不同的竞价，需要根据不同产品或者不同的市场环境来测试和修改。

②创建自动广告，设置方式类似于手动广告。该广告仅用于测试，因此，应该以最低的预算运行，以节约成本。让自动广告运行几天或更长的时间，检查结果，找到消费者使用的搜索词来优化你的广告。然后，将这些搜索词放在手动广告中。

③通过在Listing文案中添加目标关键词来显示和证明亚马逊的产品Listing与你的广告相关。添加关键词要有技巧，不能显得那么明显。否则的话，你的产品Listing就不那么容易阅读，也不容易被潜在客户看到，而你的主要任务就是转化潜在客户。

④可以按畅销品、产品类别或品牌来组织活动。应该根据利润率和业绩来有意识地分配你的竞价。

⑤如果你知道竞争对手使用了哪些确切的关键词产生了流量，你就可以了解你的竞争对手的表现，同时也可以看到一组新的关键词机会，你可以将其应用到当前的广告中。

⑥找出关键数据，提高转化率。下载搜索词报告，找出哪些关键词搜索触发了广告。多久执行一次这类操作取决于广告的规模和成熟度，新的广告可能需要更多的分析。然后，整理报告中的数据，整理出表现不够好的搜索词。最后，还需要分析关键词竞价，添加匹配类型，并添加长尾关键词。

※ 活动评价 ※

通过不断学习和实操，陈帅掌握了开通亚马逊手动广告的相关内容，自己负责的产品销量也不断提升。当然，手动广告需要根据广告报表不断地优化，同时陈帅也根据反馈的关键词不断地对 Listing 进行优化。

合作实训

针对小组的上架产品，请根据自动广告报表和产品的特性做一份手动广告方案。

产品名称		定价策略		每日竞价	
（　）关键词投放			（　）商品投放		
关键词		否定关键词	投放类目		否定商品

任务2 >>>>>>>>> 创建亚马逊站内促销活动

情境设计

陈帅和同学们按企业导师的要求在自己负责的 Listing 上开通了亚马逊站内广告，给商品带来了很好的流量和订单。但是，商品的排名还是比较低，评论也比较少。企业导师要求陈帅和同学们通过其他站内推广的方式来提升商品的排名。陈帅和同学们了解到其他常用的站内促销手段主要有优惠券、秒杀、折扣、买一赠一。陈帅和同学们准备学习如何设置这几种促销方式。

任务分解

陈帅和同学们按企业导师的要求，准备从以下两个活动来设置站内营销：

①了解什么是亚马逊优惠券，有哪些类型与相关条件，具体的设置步骤等；

②掌握亚马逊秒杀，折扣，买一赠一等促销的设置方法。

活动1　设置亚马逊站内优惠券

活动背景

> 随着陈帅对自己负责的商品开通自动广告，分析广告报表，逐渐积累了一些转化率高的关键词。于是陈帅开通了手动广告，通过关键词的投放，商品的流量和订单都有明显提升。现在企业导师对陈帅提出了更高的要求，希望陈帅进一步提高商品的排名。陈帅经过学习研究，发现店铺评分（Feedback）已经4分以上，可以开通优惠券。

活动实施

□ 知识窗

1.认识亚马逊优惠券

亚马逊优惠券（Coupons）是一种面向所有卖家的常见促销手段，且设置门槛相对较低。卖家可以通过优惠券为单个商品或一组商品创建折扣，还可以因此享受由亚马逊提供的自动推广服务。在亚马逊购物商城的电脑端和移动端皆可显示，是推广商品的好帮手。

2.使用优惠券的益处

①高效精准地触达目标客户群：采用优惠券的促销形式，有助于提升新买家的下单率和老顾客的回购率，同时也能针对不同的客户群，如为Prime会员、母亲或学生群体提供定制优惠券，从而增强优惠券投放的精准度，使得优惠券可以在一定程度上为商品增加曝光，帮助

提升品牌知名度。

②增加商品被发现的可能性：由于亚马逊会自动推广优惠券，搜索结果和优惠券主页均设置了特别的促销标志，设置优惠券无须ASIN拥有销售历史，因此当为商品（尤其是新品）设置优惠券后，将会一定程度增加商品流量，提升转化率。

③设置简单：卖家可以通过设置"直接金额减免"或"百分比折扣"两种形式的优惠券，且优惠券的有效期限最长可达3个月。

④组合营销：优惠券配合广告推广的形式，更有助于提升商品的销量和品牌的知名度。

3.商品创建优惠券的条件（见表7.2.1）。

表 7.2.1　创建优惠券条件

资格条件	要　求
折扣要求	5~95 折（北美站点：8~95 折）
专业销售计划	√
ASIN 已有销售历史	√
商品评价星级 / 数量	当拥有 1~4 条评论时，商品评分必须不低于 2.5 星； 当拥有 5 条及以上评论时，商品评分必须不低于 3 星； 同时也允许商品处于 0 评论状态。
店铺评价	4 星及以上或没有收到任何反馈评级
新品	√
成人用品	X

陈帅和同学们对应店铺的情况，发现店铺具备设置优惠券的条件，接下来他开始着手设置优惠券。

第1步：打开亚马逊卖家后台，在"广告"下拉菜单中点击"优惠券→创建新优惠券"查看可创建优惠券的商品列表，如图7.2.1所示。

图 7.2.1　亚马逊优惠券位置图

第2步：输入要设置优惠券的产品ASIN或SKU进行搜索添加，设置完成后点击"下一步"，如图7.2.2所示。

图 7.2.2 亚马逊优惠券商品列表

　　第3步：设置折扣。设置折扣时，可以选择是满减金额或者折扣百分比。注意，折扣必须是30天内产品最低价格的5%~80%，选择是否限制每个用户只能使用一次，如图7.2.3、图7.2.4所示。

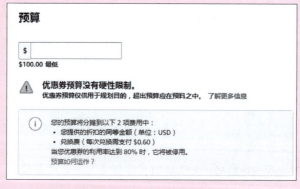

图 7.2.3 亚马逊优惠券预算

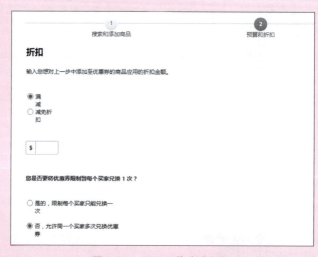

图 7.2.4 亚马逊优惠券折扣

　　预算存在最低设置门槛：北美站点和欧洲站点通常100美元，而日本站点则为10 000日元。

□ 知识窗

满减和减免折扣的选择

①当优惠金额较高时，建议使用满减的形式，使得消费者可以直截了当地看见优惠后的价格；

②针对低价商品设置优惠金额低于1美元时，建议使用百分比折扣的形式，更能吸引消费者注意。

第4步：输入"优惠券名称→开始日期→结束日期→继续下一步"，为优惠券设置有效时间；注意开始时间可以选择在一个月之后，结束日期可以设置为开始日的90天之后，如图7.2.5、图7.2.6所示。

图 7.2.5　亚马逊优惠券目标买家

图 7.2.6　亚马逊优惠券日期设置

第5步：预览、提交，完成优惠券的设置。

卖家创建优惠券后，相关信息通常会显示在下列页面中：专属的优惠券页面；搜索结果的商品列表页；商品详情页（Listing）。一旦优惠券被激活，允许进行的编辑仅限于延长持续时间（最多可延长至3个月）或增加预算。如果想做任何其他更改，首先需要取消现有的优惠券，然后创建新的优惠券。优惠券费用：每笔成功兑换的优惠券都将被亚马逊收取手续费，北美站点和欧洲站点的手续费通常为0.6美元。

第6步：如何查看优惠券效果？

可通过亚马逊卖家平台→广告→优惠券页面中查看所有曾创建的优惠券信息，包括优惠券的开始和结束时间，预算设置及花费，折扣，买家领取及兑换数量，以及每个优惠券设置所带来的销售额。

※ 活动评价 ※

陈帅和同学们通过学习了解了什么是优惠券，并认为优惠券是一种非常好的营销工具，可以促进成交，店铺的流量和销量会越来越好。

活动2 设置亚马逊站内其他促销活动

活动背景

经过一段时间的运营，陈帅和同学们发现在自己负责的商品中，有的销量和排名都非常好，有的即使通过广告优惠券等方式销量增长仍然很慢。经过向企业导师请教，陈帅和同学们决定通过促销的方式来提高销量和排名。经过了解，亚马逊的促销有秒杀，折扣和买一赠一，陈帅和同学们决定深入学习。

活动实施

🔲 知识窗

对同一个商品使用多种优惠码，一定要注意额外折扣情况，见表7.2.2。

表7.2.2 优先型优惠码和无限制型优惠码比较

组合类型	组合原则	示 例
优先型	与所有无限制型优惠码配合使用； 与不使用优惠码的所有促销组合配合使用； 如果有多个优先型优惠码，则对促销采用最高折扣。	卖家设置了一个优先型促销和一个无限制型促销分别是： 鞋子优惠10%（9折）； 帽子优惠20%（8折）； 一位买家购买了一顶帽子和一双鞋，即获双重折扣，共享受30%的优惠。 或卖家设置了两个优先型促销 鞋子优惠10%（9折） 帽子优惠20%（8折） 一位买家购买了一顶帽子和一双鞋，即获最高折扣，共享受20%的优惠。
无限制型	与所有无限制型优惠码配合使用； 与一个优先型优惠码配合使用； 与不使用优惠码的所有促销配合使用。	卖家设置了3个无限制型促销； 订单额满20元可免运费； 外套优惠10%（9折）； 购买一顶帽子，免费获赠一条围巾。 有一位买家购买一顶帽子和一件外套，外套享受10%优惠，获赠一条围巾并享受免运费服务。

1.亚马逊秒杀和7天促销

打开亚马逊广告栏目下促销栏，选择亚马逊站内秒杀和7天促销，发现没有产品符合亚马逊秒杀的条件。企业导师告诉陈帅，亚马逊秒杀和7天促销采用邀请制，亚马逊平台决定卖家的产品能不能参与秒杀，如图7.2.7所示。

陈帅决定在以后收到亚马逊邀请的时候再参与秒杀和7天促销。

7天促销与
秒杀详解

图 7.2.7　亚马逊秒杀和 7 天促销

2.亚马逊其他促销

在亚马逊广告栏下拉框中,点击管理促销会出现以下界面,如图7.2.8所示。

图 7.2.8　管理促销界面

其中社交媒体促销代码主要用于其他社交媒体的推广,站内促销现在仅有购买折扣和买一赠一。

（1）购买折扣设置

第1步:打开管理促销项下商品管理列表,选择"ASIN",创建商品列表,其中商品选择列表名称供卖家参考,自行设置。把需要创建促销的商品ASIN分行填写在ASIN列表中,如图7.2.9 所示。

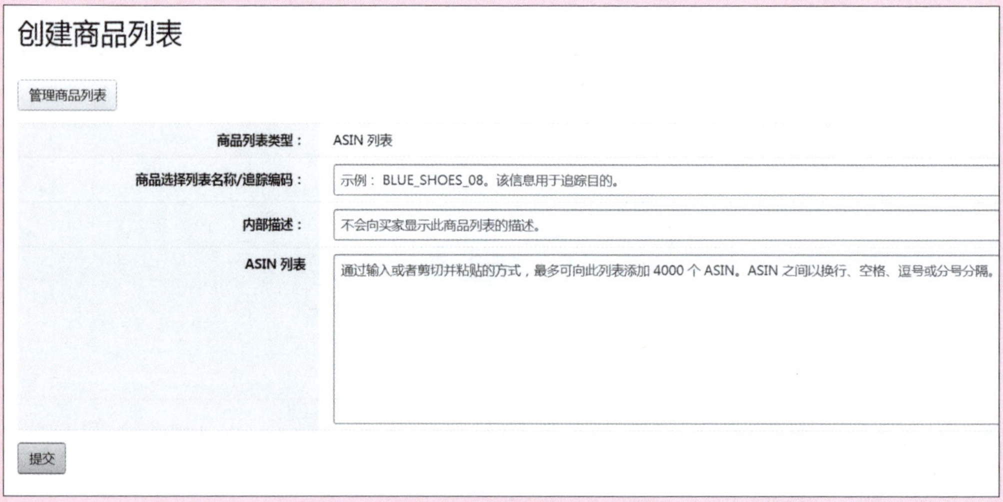

图 7.2.9　亚马逊促销创建商品列表

第2步：在创建促销中选择创建购买折扣，设置促销条件，如图7.2.10所示。

图 7.2.10　亚马逊折扣选择促销条件

●买家所购商品：里面会有三个选项：此商品的最低购买数量（即买满设置的商品数量即享受折扣）、最低金额（即买家必须购满多少金额，即享受折扣）、每购买商品（即买家每购买多少商品即获折扣一次，可以获得多次折扣）。

●须购买商品：设定买家必须购买的商品类别，可以选择前面设置好的商品列表中的商品，也可以创建新的商品选择。

●买家获得：可以填写减免金额或者减免百分比。

●适用范围：一般选择默认项须购买商品。

●促销层级：即填写买家的购买量和折扣等级，如果不需要分级折扣，可以默认。

●第3步：设置促销起止时间，内部描述和追踪编码（仅供卖家使用），如图7.2.11、图7.2.12所示。

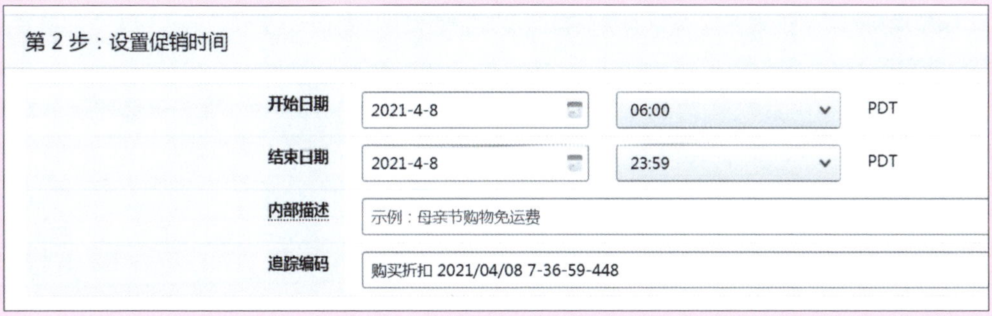

图 7.2.11　亚马逊促销时间设置

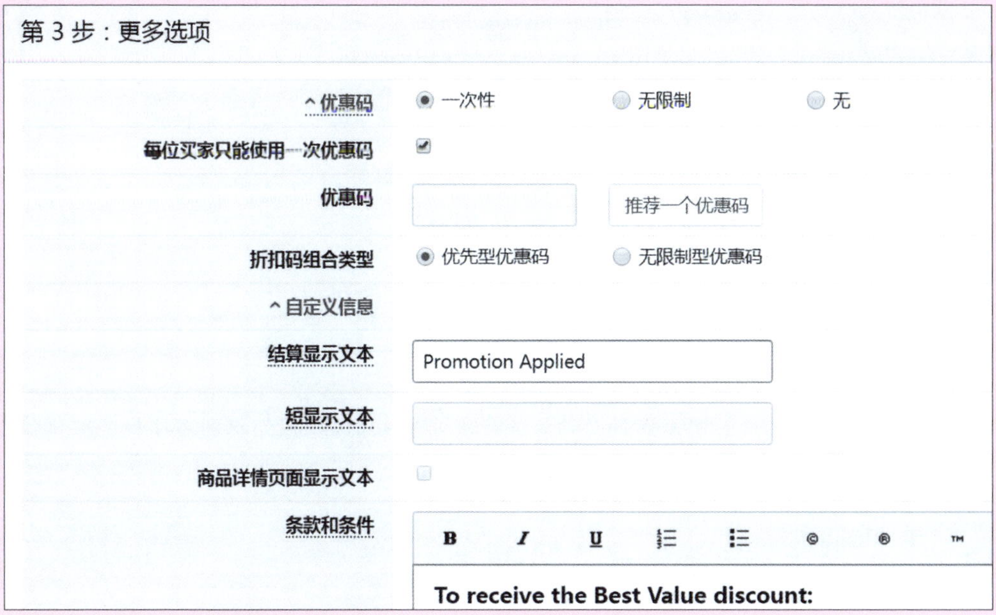

图 7.2.12　亚马逊折扣优惠码设置

相关说明：一般来说，卖家会设置一次性优惠码，以防止操作失误带来重大损失。优惠码可以自己设置或者选择亚马逊推荐。

自定义信息中的结算显示文本为买家在付费时看到的信息。而商品详情页显示文本勾选则在商品详情页上显示促销信息（下方可编辑文本）。

第4步：检查无误，点击左上角提交，4个小时后生效。

（2）买一赠一设置

第1步：在后台广告下拉菜单中选择"管理促销"，点击创建买一赠一。选择促销条件，设置好各项商品及相关参数，如图7.2.13所示。

●买家所购商品：里面会有3个选项，此商品的最低购买数量（即买满设置的商品数量赠送商品）、最低金额（即买家必须购满多少金额，即赠商品）、每购买商品（即买家每购买多少商品即获赠一次，可以获得多个赠品）。

●须购买商品：设定买家必须购买的商品类别，可以选择前面设置好的商品列表中的商品，也可以创建新的商品选择。

●买家获得：一般默认赠品。适用范围：即指定赠送的商品类别，在下面填赠送的商品数量。

图 7.2.13　亚马逊买一赠一促销条件

第2步：设定促销时间，开始时间必须为当前时间的4小时后。促销识别名称和追踪码仅供卖家使用，可按卖家方便设置，如图7.2.14所示。

图 7.2.14　亚马逊买一赠一促销时间设置

第3步：更多选项，在其中设置优惠码，一般都选用一次性，以防止商品瞬间库存清空带来极大的损失。优惠码可自行设置或者按推荐。商品详情页面显示文本，如果勾选，则优惠信息会在商品详情页显示，可能会增加转化率；如果不勾选，则可以用优惠码来评估站外推广的效果，如图7.2.15所示。

图 7.2.15　更多选项设置

??想一想

在促销活动中，如果设置有误，仅靠设置一次性优惠码能防止买家大量购买，给卖家带来巨大损失吗？

※ 活动评价 ※

通过以上对购买折扣和买一赠一的学习和设置，陈帅和同学们负责的商品转化率明显提高，排名也逐渐上升。以后在合适的时候，陈帅和同学们准备试试参加秒杀活动，把自己的产品排名提升到类目前列。

合作实训

小组上传产品，根据学习到的知识和产品的特性完成下列优惠券设置方案。

商品名称/ASIN			
折扣类型		预　算	
优惠券名称		受　众	
开始日期		结束日期	

项目总结

陈帅通过对自己负责的产品一系列的推广运营，逐渐对亚马逊站内的广告和促销有了初步的认识。亚马逊站内广告对产品的曝光量增长有很大的好处。亚马逊优惠券，折扣，买一赠一等促销方式对产品的转化率更有帮助。广告和促销之间相互配合，广告让促销更多曝光，促销让广告有更多的收益。在推广过程中还要注意推广成本与收益之间的平衡。

项目检测

1. 单项选择题(每题只有一个正确答案,请将正确的答案填在括号中)

(1)亚马逊站内广告按(　　　)收费。

  A. 点击   B. 产品   C. 价格   D. 转化率

(2)开通亚马逊站内广告必须是(　　　)账户。

  A. 个人卖家 B. 专业卖家   C. FBM 卖家 D. FBA 卖家

(3)亚马逊站内广告报告中最核心的指标是(　　　)。

  A. CTR   B. CR   C. ACOS   D. CPC

(4)一般来说,亚马逊站内广告的点击率不能低于(　　　)。

  A. 1%   B. 0.75%   C. 0.5%   D. 0.25%

(5)开通优惠券,卖家店铺的评分必须(　　　)分以上。

  A. 3   B. 3.5   C. 4   D. 4.5

2. 多项选择题(每题有两个或两个以上的正确答案,请将正确的答案填在括号中)

(1)开通亚马逊站内广告的前提条件有(　　　)。

  A. 专业卖家   B. 黄金购物车

  C. 店铺评分 3.5 以上   D. 评论数 5 个以上

(2)亚马逊目前的广告形式有(　　　)。

  A. Sponsored Products   B. Headline Search Ads

  C. Product Display Ads   D. Vine

(3)亚马逊广告的投放方式有(　　　)。

  A. 自动广告 B. 手动广告 C. 头条广告   D. 类目广告

(4)亚马逊手动广告关键词匹配的方式有(　　　)。

  A. 广泛匹配 B. 短语匹配 C. 精准匹配   D. 模糊匹配

(5)亚马逊优惠券的买家可以设置为(　　　)。

  A. 所有买家   B. Amazon Prime 计划会员

  C. 亚马逊学生计划会员   D. 亚马逊妈妈计划会员

3. 判断题(正确的画"√",错误的画"×")

(1)广泛匹配可以匹配拼写错误,单复数,相似关键字、不讲究顺序等。 (　　　)

(2)一般亚马逊广告内容上会有"Sponsored"或"Ad"字样。   (　　　)

(3)自动广告设置简单,曝光量大,转化率高。   (　　　)

(4)亚马逊站内广告可能出现在搜索结果页面的上侧、下侧或者右侧。 (　　　)

(5)亚马逊广告显示的内容只包括产品图片和产品标题。   (　　　)

(6)亚马逊手动广告投放模式只有关键词投放。   (　　　)

(7)亚马逊优惠券对所有卖家开放。   (　　　)

(8)亚马逊秒杀和 7 天促销对店铺评分 3.5 分以上的卖家开放。 (　　　)

(9)在亚马逊平台中,10 美元以下的产品适用现金折扣。   (　　　)

(10)Vine 计划适用于新品取得产品评论。   (　　　)

4. 简述题

(1)简述亚马逊手动广告关键词匹配的 3 种模式并举例说明。

(2)简述亚马逊广告报表的主要分析项及参考指标。

项目 8
亚马逊客服及评价管理

【项目综述】

SUNNY 外贸公司经过一段时间的转型，通过在亚马逊平台上销售多款童鞋，已经初见成效。陈帅和他的同学们接下来学习亚马逊客服及评价管理这一块，由于传统的出口贸易，进口商比较单一固定，有问题会通过电话、电子邮件等方式反馈，而在亚马逊平台进行跨境电商，消费者的反馈主要通过网络进行。亚马逊客服及评价管理能更好地优化服务，了解消费者的切身体验，改进自身不足，争取更大的销量和利润。由于陈帅刚接触跨境电商，他开始边学习边实践，尽快适应自己的实习岗位。

【项目目标】

通过本项目的学习，应达到的具体目标如下：

知识目标

◇了解售前、售后、物流类邮件回复的注意事项
◇了解 Review 和 Feedback 的定义和特点
◇掌握售前、售后、物流类邮件回复的模板
◇掌握 Review 和 Feedback 的区别
◇掌握 Review 和 Feedback 的处理技巧

技能目标

◇能针对买家邮件类型进行合理回复
◇能根据 Review 的情况进行 Listing 维护
◇能根据 Feedback 的反馈进行店铺维护

素质目标

◇激发学生的学习兴趣
◇具备自主学习的意识
◇培养学生解决问题的能力

【项目思维导图】

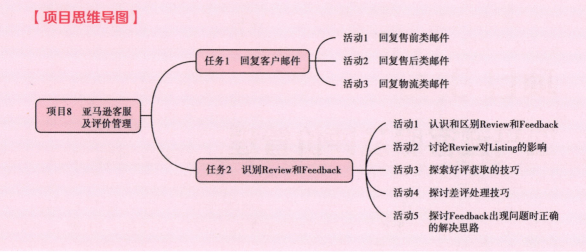

任务1 》》》》》》
回复客户邮件

情境设计

陈帅知道在亚马逊客服管理中,回复客户邮件是重要的环节。陈帅登录到 SUNNY 店铺卖家后台,在绩效(Performance)下面查看到有好几条买家消息(Buyer Messages)没有回复。他一一打开这些消息进行查看,但是还不知道怎么回复这些消息,正在发愁。

任务分解

为了尽快找到回复客户邮件的技巧,陈帅打算从以下两个活动展开学习:

①判断邮件是什么类型的并进行归纳。

②针对不同的邮件类型,有哪些常见的回复模板。

活动1 回复售前类邮件

活动背景

作为跨境电商卖家,及时回复顾客邮件是一门必修课,因为买家会优先选择服务态度好的卖家。陈帅根据邮件咨询的类型,分为售前类、售后类和物流类三种。这天,陈帅登录到 SUNNY 店铺的卖家后台,进入到买家消息(Buyer Messages),查看到买家发来的好多售前类邮件需要回复。陈帅知道售前类邮件回复的质量关系到买家是否成功购买产品,于是他和他的同学们积极学习对售前类邮件如何进行回复。

活动实施

知识窗

1.分析买家邮件的类型

在亚马逊平台中，买家联系卖家的方式最常见的是通过买家消息和电子邮件。不管是哪种方式，邮件回复的第一个步骤是看到买家邮件之后，先分析买家邮件的类型。售前类邮件分类较多，有咨询尺码、颜色、优惠、色差的。由于SUNNY店铺是卖婴儿鞋为主，所以咨询尺码的买家最多，买家担心尺码不合适。

2.牢记撰写售前类邮件前的注意事项

由于买家发送售前类邮件的目的是在购买产品前进行咨询，因此回复要及时；回复此类邮件要简明扼要，把咨询的问题解答清楚就好，不要长篇大论；在回复时，检查清楚语句，不要出现语法错误或单词拼写错误，体现出一定的英文水平；由于亚马逊平台面向的主要是美国买家，所以要注意美式与英式英语的区别。

3.撰写售前类邮件

买家的邮件虽然多，但是大多数是类似的问题，可以通过常用的模板来快速回复买家。下面分享一个买家咨询产品细节的邮件模板。

Dear friend,

How are you today? This is _____ （店铺名称）.

Thank you for your interests in our product.

About your problem, I have checked the product information for you.

_____ （问题解答）.Hope it can help you.

If you have any other questions, please tell us.

Have a nice day.

以上模板遵循这4个步骤：第1步与买家问好；第2步感谢买家对产品感兴趣；第3步详细解答买家的问题；第4步希望继续保持联系，其他类型的售前类邮件回复也可以用这样的步骤。

查一查

小组上网搜索更多的售前类邮件回复模板，并上台展示分享。

做一做

回复以下买家邮件。

My son is 6 months old, his feet length is 12 cm, and is a little fat, what is the suitable size for him ?

※ 活动评价 ※

陈帅已经知道回复买家邮件有一系列的流程，并且回复买家邮件需要一定的英语读写能力。对陈帅来说还需要在工作之余继续学习英语，只有这样，才能在以后的工作中提高邮件的回复效率，节约时间。

活动 2　回复售后类邮件

活动背景

> 有一天，陈帅像往常一样登录亚马逊卖家后台查看买家消息，发现这是一封请求换货的售后类邮件，换货能方便买家，可是对卖家来说是一件麻烦的事情，但是如果不能妥善解决这个问题，SUNNY店铺极有可能收到差评，陈帅需要认真思考该如何处理。

活动实施

🔲 **知识窗**

撰写售后类邮件的注意事项

售后类邮件有多种类型，产品出现问题需要退换货的居多，所以回复此类邮件一定要及时迅速，在24小时内做出回复。此外，回复邮件时要用委婉的语气，不能斩钉截铁地说不是卖家的问题，然后完全拒绝买家的要求。要学会灵活处理问题。

SUNNY店铺2020年7月12日收到了Andrea发来的消息，陈帅看到这封邮件后，马上处理并回复，处理过程如下：

1.分析售后问题

第1步：翻译买家售后类邮件，了解买家描述的问题

Andrea发来的消息是："The bow of my shoe is off. Unfortunately I need it this weekend. So I would like to get a replacement."陈帅大致翻译了这条消息，大概的中文意思是："蝴蝶结从鞋上掉下来了。很不幸，我这个周末需要用。想要换一双。"

第2步：分析买家描述的问题，理清解决的思路

陈帅了解到Andrea是2020年7月12日收到了鞋子，几个小时之后就发了这条信息，这么短的时间内蝴蝶结掉了，在换货的范围内，可以予以更换，不过需要买家提供相应的证据，确认真有此事之后，才予以更换。于是马上回复信息。

2.回复邮件

第1步：查找相关模板，再根据实际情况进行适当的修改。

第2步：撰写售后类邮件，回复买家信息，陈帅的回复邮件如下：

Dear friend,

How are you today?

I'm sorry to hear that the bow of your shoe is off. Please upload the picture for verification. If so, We'll give a replacement as soon as possible.

Waiting for your early reply.

Have a nice day.

✎ **做一做**

收集一些售后类邮件模板，并上台展示分享。

※ 活动评价 ※

售后类邮件涉及买家需要解决的问题,陈帅在回复此类邮件的时候要综合考虑,争取做到让买家满意。在今后的工作中,他需要整理并归纳售后类邮件的类型并撰写相应的模板,这样能在客服工作中做到快速反应。

活动 3　回复物流类邮件

活动背景

SUNNY店铺采用的是FBA的发货模式,也有自发货的情况。FBA这种发货模式有诸多好处,其中之一就是买家信任亚马逊仓库直接配送,对于物流类的咨询会相对较少。陈帅整理店铺里的邮件发现确实如此,一般是物流时间长还未收到货,买家就发物流类邮件询问。那遇到这种情况,陈帅该如何回复呢?

活动实施

□ 知识窗

物流类邮件的注意事项

物流类邮件中迟迟未收到货的情况居多,可以先说明可能延迟的原因恳请买家再等一段时间。如果这段时间买家收到货了,那就皆大欢喜了;如果还是没收到,那就需要采取实际的补救措施了,比方说先补偿一部分费用麻烦买家再等一等;如果还是没收到,那就需要全额退款了,事后如果是FBA方式导致包裹丢失的,需要和亚马逊仓库联系,是他们的问题就需要赔偿店铺的损失。

?? 想一想

当收到买家未收到货的消息,陈帅立即查看订单包裹状态,分析卖家未收到货的具体原因。

做一做

回复邮件。

第1步:了解到该订单的物流情况之后,根据实际情况回复邮件。模板如下:

Dear friend,

We are sorry for your long-time waiting and your item had been shipped on _____(日期),this is a busy season of shipping(情况说明),so it was delayed. Could you please wait for (天数)business days?

If the package still doesn't arrive in due, please tell us and we will do our best to solve it and offer you a satisfactory solution.

Please don't worry, you won't suffer any losses.

Have a nice day.

第2步：仍没收到货，提议退一部分款。

买家等待时间过长，还没收到货，这时买家出现责怪的意思。为了让买家放宽心，陈帅请示企业导师解决办法，企业导师给出退一部分款的提议。于是，陈帅对买家的邮件进行了再一次回复，买家同意了这个决定。

Dear friend,

Thank you for your email and kindness.

Don't worry, You know the shipping time is longer than normal. In order to enhance your trust to us, What about offering you a little refund firstly？If it still doesn't arrive next week, we will offer you all refund, is that OK for you？（说明解决办法）

When the item arrives in the future, hope you could repay.

Waiting for your early reply.

Have a nice day.

第3步：显示已妥投，但未收到货。

陈帅密切关注该订单的物流信息，显示已妥投，但是买家还未收到货，这时陈帅给买家发送了第三封邮件，请买家通过跟踪号码与投递公司取得联系，最终买家收到了产品。

Dear friend,

How are you today？

I have checked it and it shows that the package has delivered to you. So I can provide the tracking number "＿＿＿＿＿"（跟踪号码）to you and hope you to ask the office in your local post with the number.

Please contact us if you have any further questions.

Have a nice day.

查一查

通过网络搜索，查找售前、售后和物流类邮件以外的其他邮件类型。

第1步：分组合作，各小组查找除了这三类邮件外，还有无其他类型的买家邮件。

第2步：如果有其他类型的买家邮件，又该如何回复呢？

※ 活动评价 ※

以上提供的模板只是几个典型的情况，涉及物流类邮件咨询还有其他方面的，需要陈帅灵活处理。客服工作贯穿亚马逊交易的全过程，建立系统、完善的应对机制是必不可少的。

合作实训

分组，每组分别从售前类、售后类、物流类邮件类型中选择一种邮件类型，在店铺后台或借助网络收集该类型的邮件并设计相应的回复模板，上台展示分享。

任务2
识别Review和Feedback

情境设计

有一天，企业导师跟陈帅和他的同学们说他看到店铺里某款童鞋热销，好评如潮，不过仍然有个别买家的评价不高，希望陈帅他们能找出原因，并找到合适的解决办法。陈帅他们没有遇到过这种情况，于是通过学习，知道在亚马逊的评价管理中，亚马逊的评价体系有Review 和 Feedback 两种。

任务分解

为了让陈帅和他的同学们尽快了解亚马逊评价管理体系并找到相应的解决方法，企业导师建议他们尽快从以下 3 个活动着手：

①认识什么是 Review 和 Feedback，根据两者的特点，进行区分；
②讨论 Review 对 Listing 的影响，探索好评获取和差评处理的技巧；
③当 Feedback 出现问题的时候，合适的解决思路有哪些。

活动 1　认识和区别 Review 和 Feedback

活动背景

当消费者浏览亚马逊平台上的产品，想要购买但是不了解产品，不敢轻易下手的时候，他们会参考产品的 Review 和店铺的 Feedback。在这种情况下，消费者的评价对于卖家来说是很重要的，陈帅决定开始研究 Review 和 Feedback，并进行区分。

活动实施

□ 知识窗

1.认识什么是亚马逊平台中的Review

Review指的是客户对产品的评价，可以理解为"留评"。Review的位置在Listing的下方，每条Review都是针对当前Listing的产品，如图8.2.1所示。

只要是注册了亚马逊的买家账户，曾经在亚马逊平台上至少有过一次购买经历，就可以对感兴趣的Listing发表Review，即使没有真实购买过这个产品。历年来亚马逊平台都是以Review作为留评名称，2019年起Review改成了Rating，亚马逊Rating评分是新的留评方式，最大特点就是新增了可以直接评分，不写评论内容的一键留评。

2.认识什么是亚马逊平台中的Feedback

Feedback指的是消费者对于卖家购物过程及服务的一个整体反馈，包括对产品质量、客服水平和物流速度、货物描述的评分,可以理解为"评价"。可以留下Feedback的消费者必须是购买过该产品的,对购买的订单进行评价。相比Review来讲,Feedback反馈的内容更全面。在卖家后台Performance中可以看到Feedback,如图8.2.2所示。首页搜索Listing也可以直接看到卖家店铺的Feedback。Feedback分数的高低会直接影响卖家账号以及店铺ODR指标。

图 8.2.1　SUNNY 店铺童鞋 Rating 位置

Feedback Manager

Use the Feedback Manager to track buyer satisfaction with your service. You can view short- and long-term metrics, as well as detailed feedback entries, including buyer e-mails and Order IDs. Click the Order ID to view transaction details within the Manage Orders section of Seller Central. Learn more

Feedback Rating: ☆☆☆☆☆
4.8 stars during time selling on Amazon. (16 ratings)

	30 days	90 days	365 days	Lifetime
Positive	100 %(1)	100 %(3)	100 %(9)	100 %(16)
Neutral	0 %(0)	0 %(0)	0 %(0)	0 %(0)
Negative	0 %(0)	0 %(0)	0 %(0)	0 %(0)
Count	1	3	9	16

This table displays the corresponding feedback percentages and feedback counts. See how your feedback displays to buyers on Amazon.　　　Due to rounding, the values displayed may not add up to 100%.

图 8.2.2　SUNNY 店铺 Feedback 情况

⚲查一查

任意选择一款产品查看其评论内容。

第1步:打开亚马逊官网,在搜索框输入商品名称,出现搜索展示页面。

第2步:打开任意一款商品的详情页,查看关于此款商品的整体评分及其星级,如图 8.2.3 所示。

第3步:点开,查看具体的评论内容。

◎填一填◎

Review 和 Feedback 的区别

第1步:分组搜集并归纳 Review 和 Feedback 的区别。

第2步:填写表 8.2.1 Review 和 Feedback 的区别。

图 8.2.3　SUNNY 店铺童鞋 Rating 内容

表 8.2.1　Review 和 Feedback 的区别

区　　别	Review	Feedback
发生条件		
归属对象		
评论内容		
产生影响		

※ 活动评价 ※

通过学习，陈帅他们明白了亚马逊平台 Review 和 Feedback 的特点和区别，并且在 SUNNY 店铺上查阅了很多相关信息，对 Review 和 Feedback 有了一定的认识，要想完成企业导师提出的问题，还需要继续探究。

活动 2　讨论 Review 对 Listing 的影响

活动背景

企业导师先前提到 SUNNY 店铺里某款童鞋好评如潮，不过仍然有消费者的评价不高。陈帅根据 Review 和 Feedback 的特点和区别，分析出这反映的是该款童鞋 Review 的情况。企业导师指导陈帅和他的同学们接下来进一步了解亚马逊平台中 Review 的组成部分，再讨论 Review 对 Listing 的影响，从而找到解决问题的办法。

活动实施

▢ 知识窗

1.Review 的构成

（1）星级评分

星级评分是通过智能机器人评定的，不是简单地把所有订单原始数据平均值。星级评分从1星到5星，相对应的分值是1分到5分，反馈的是买家对产品的评价，1星表示对产品评价最差，5星则最好。潜在买家会首先根据评分有针对性地查看Review的内容，特别是比较高分和低分的比例，以及着重查看低分的原因。

（2）VP标志

为了防止刷单刷评的不良行为，有些Review上会显示Verified Purchase的红色字体，简称VP标志，这个政策是从2018年国庆节前后实施的，只有确认是在亚马逊平台上真实购买过该产品的顾客才能在Review上加VP标志，有VP标志的Review会被排在前面，因为买家更信任并且更想参考此类Review。

（3）Review存在的时间

Review存在的时间是买家评论该产品时间的记录。潜在买家能通过Review存在的时间对是否购买该产品进行判断，并且Review存在的时间长短也会影响星级评分的权重。有人觉得时间长的评论影响大于时间短的，既能知道该产品销售的时间长短，又能杜绝卖家在短时间内刷出五星好评的虚假行为；也有人认为近期的评论权重比以往的更高，因为评论停留在过去，近期没有的话，买家会认为该产品不畅销了。不管怎样，在智能评分下，持续经营，不断获得更多的真实好评，才能让评分不断提高。

（4）Review的详情

Review的详情是正文部分，对该产品在使用过程中进行的反馈描述，有的买家在评论该产品时写得详细具体，有的则写得简单明了，Review的详情会影响潜在买家对该产品的购买欲望。除了文字描述以外，还可以添加图片和视频，这样更能增加真实性和直观性，权重也更高。

（5）Review的采纳数

Review的最后一栏有Helpful、Comment和Report abuse 3个选项，其中Helpful和Comment是常用的2个选项，Helpful就是点赞的意思，Comment是别的买家或卖家对该Review进行的评论，Helpful的数量会显示在Review中。采纳数越多，对于Review的评分影响也就越大。如果某个低星Review的Helpful数太多，也会一定程度上降低整个Review的评分。

2.Review对Listing的影响

（1）提升Listing的排名

在一定程度上，买家对产品的反馈越多、Review的星级评分会越高，系统会认定产品越好，该产品可能成为热销产品，从而提升Listing的排名，为产品增加更多的曝光量。

（2）提升销量

Review和Listing的详情页面都是对产品的描述，Review比Listing的描述更有信服力，好的Review可以增强潜在买家的购买信心，提升他们的购买欲望，最终提升销量。

（3）完善自身Listing

通过分析自身和竞争对手的Review，能从好的Review中发掘出一些吸引买家的关键词，把这些关键词添加到自身的Listing当中，能增加流量和提高转化率；也能从差的Review中发现该产品的品质状况和客户诉求，从而便于改进并避免同类问题出现。

做一做

分析图 Review 的构成，如图 8.2.4 所示。

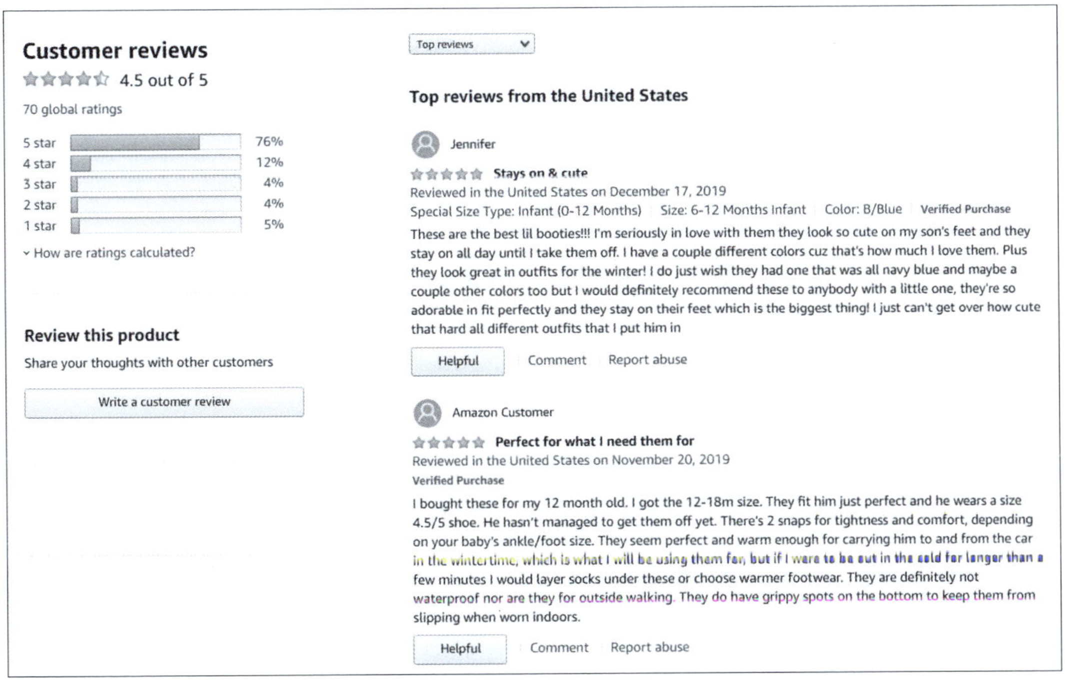

图 8.2.4　亚马逊平台中 Review 的构成

?? 想一想

Review 对 Listing 的影响因素。

第 1 步：分组合作，各小组通过搜索网络了解亚马逊平台中 Review 对 Listing 的影响因素。

第 2 步：各小组讨论亚马逊平台中 Review 对 Listing 的影响。

第 3 步：各小组进行总结归纳并做好总结记录。

※ 活动评价 ※

经过一番学习，陈帅他们知道了之所以企业导师这么重视买家评价不高这个问题，是因为好的 Review 能提升 Listing 的排名，差的 Review 会降低星级评分，从而影响 Listing 的排名。因此，如何获取产品好评和处理差评的技巧至关重要。

活动 3　探索好评获取的技巧

活动背景

有一天，企业导师询问陈帅任务的完成情况，陈帅告诉企业导师他已经对 Review 构成进行了查看和分析，总结出了亚马逊平台中 Review 对 Listing 的影响，知道了获取好评的重要性。企业导师肯定了陈帅的工作后，又交代他继续探索获取 Review 好评具体有哪些技巧。于是，陈帅开始着手收集并整理相关资料。

活动实施

□ 知识窗

获取好评的方式

1.提供优质的买家体验

亚马逊买家很注重自身体验，作为跨境电商的卖家就要做到拥有顾客至上的理念，对客户忠诚。写listing的时候描述通俗易懂，关键词清晰明了，图片符合客观要求，产品与描述相符合，随附一些赠品或感谢卡，做到以上几点，客户挑选到了满意的产品，提高了购物体验，自然会愿意给予一定的好评。

2.电邮邀请评论

有些买家可能忙到没有时间留评，也可能没有留评的习惯，这时，我们需要主动地给买家发电邮，一来关心买家的使用情况，二来邀请买家对我们的产品给出评价。邮件中可附以具体留评的操作步骤，方便买家留评。

图 8.2.5　SUNNY 店铺邀请评价邮件

图8.2.5是SUNNY店铺邀请买家评价邮件，模板如下：

Dear friend,

Thanks for your order and It has been a few weeks since you received your parcel. I just wanted to see if you have any questions or concerns about our goods.If you do, please feel free to let us know.

Furthermore, we hope you are truly loving our products and are happy with your purchase. We will much appreciate you can share your shopping experience to other Amazon buyers, that would be much help and a good guide to them when they are shopping in Amazon.Your kind helps ensure us keep doing things right and encourages us to share helpful tips! Happy shopping in Amazon.

Greetings from Sunny Store

发送电邮时的注意事项：电邮要在买家收货并体验过之后再发送，时间不能太早或太晚。亚马逊平台禁止有偿索评，所以电邮里不要出现索评(Good Review)的字眼，严重违反政策有可能会被封店。邮件简单明了，买家没有耐心看过长的电邮。电邮发送频率不能太高，最好不超过3封，否则买家会反感。

3.通过Feedback来引导留评

实际上，收到买家Feedback的概率远远高于Review。这时，不妨对自己店铺收到的Feedback进行整理，过滤出Feedback中满意度高的买家，然后有针对性地发邮件对其表示感谢，同时，引导客户对产品给予好评。如果邮件写得恰到好处，获取好评的概率还是比较高的。这种方式虽然需要花费梳理Feedback的时间，但是真实有效，值得尝试。

4.加入早期评论人计划

早期评论人计划，又名Early Reviewer Program，是亚马逊平台为了鼓励买家对产品做出评价而推出的项目。买家需要在购买此类项目产品之后，及时留评，评价将会带有一个橙色标志，写着"Early Reviewer Rewards"，并且留评者会收到1~3美元的亚马逊代金券。这个计划既能让买家积极分享他们的真实体验，又能帮助卖家获得更多的Review，不过加入早期评论人计划，需要向平台交纳一定的费用。

5.利用折扣网站Snagshout促销换评价

Snagshout是2015年7月份上线的一个折扣网站，网站以"Snag Deals, Write Views"为口号，以折扣产品换取买家的真实评价。买家在该网站上一次只能购买一种产品，并且必须在购买后两周内完成对产品的评价，然后才可以购买其他产品。这样以折扣换评价的方式就能解决困扰大部分卖家的留评率太低的问题。

亚马逊突袭封号？你还敢刷单吗？

诚实守信是中华民族的传统美德，党的二十大指出，广泛践行社会富强民主文明和谐，自由平等公正法治，爱国敬业诚信友善的社会主义核心价值观。富强民主文明和谐，自由平等公正法治，爱国敬业诚信友善的社会主义核心价值观，诚信是公民个人层面的价值准则。公司同样要积极践行诚信的价值准则，只有这样才能长久发展，为了业绩盲目刷单的行为将受到应有的惩罚。

🔍**查一查**

查询获取好评的技巧。

第1步：分组合作，上网搜索获取好评时的注意事项。

第2步：各小组总结归纳并做好记录，上台分享。

📎**做一做**

查找好评并发送邮件。

第1步：分组合作，查看其中一条来自买家的好评，如图8.2.6所示。

Jennifer

☆☆☆☆☆ **Stays on & cute**
Reviewed in the United States on December 17, 2019
Special Size Type: Infant (0-12 Months) | Size: 6-12 Months Infant | Color: B/Blue | Verified Purchase

These are the best lil booties!!! I'm seriously in love with them they look so cute on my son's feet and they stay on all day until I take them off. I have a couple different colors cuz that's how much I love them. Plus they look great in outfits for the winter! I do just wish they had one that was all navy blue and maybe a couple other colors too but I would definitely recommend these to anybody with a little one, they're so adorable in fit perfectly and they stay on their feet which is the biggest thing! I just can't get over how cute that hard all different outfits that I put him in

图 8.2.6　买家好评

第 2 步：各小组分析这条买家好评体现的是哪种获取好评的技巧。

第 3 步：各小组利用 SUNNY 店铺邀请评价邮件模板，给最近购买产品成功的买家发送电邮获取好评。

※ 活动评价 ※

陈帅学习了 5 种获取好评的技巧，他已经一一实践了，并且陈帅谨记注意事项，避免自己触碰到雷区，给公司造成不必要的损失。在此期间，Review 的好评数量比上个月有所增加，这和陈帅的努力分不开。

活动 4　探讨差评处理技巧

活动背景

> 卖家最不愿看到的就是收到买家的差评，一个精心设计的 Listing，经过一段时间的打磨后，终于有了效果，开始有稳定的销售量，突然间一个差评就有可能使得销量骤减，这时卖家要积极地应对。陈帅接下来需要探讨产品出现差评，应该如何处理，有哪些切实可行的技巧。

活动实施

▢ 知识窗

> 1.Review差评的原因
> ①质量差等问题；
> ②物流慢等问题；
> ③包装破损等问题；
> ④产品和Listing描述不符问题；
> ⑤错发货、漏发货等问题；
> ⑥买家感受问题；
> ⑦竞争对手恶意差评。

2.Review差评的处理技巧

（1）利用Comment回复买家

如果差评不是卖家造成的，比如物流、买家感受欠佳的问题，卖家可以在Review中Comment表明自己积极的态度，先为给买家带来的不良感受表示抱歉，然后做出解释，希望得到买家的谅解。其他人也看得到Comment的内容，所以卖家要有很大把握，进行回复之后基本能得到谅解才可以采取这种办法。

（2）邮件沟通

如果卖家判断差评是自身原因导致的，比如质量、错发、漏发等原因，那就需要主动邮件联系买家，除了道歉以外，请求买家上传视频或图片，买家确认真实性之后，给予买卖双方都能接受的处理结果。最重要的是最后要委婉地使用更新等词语请求买家修改差评，能够删除更好。

（3）利用Report abuse进行申诉

如果买方没有及时回应邮件，为了更快速地处理差评，卖家可以查看买家的差评里是否有不礼貌或夸大的语言或者有违背亚马逊政策的漏洞，如果有，可以使用Review中的Report abuse向亚马逊平台提出申诉；如果这个差评是竞争对手恶意为之，也可以采用这种方式。申诉成功的话，这条差评将被亚马逊平台移除。

为了从根本上把差评率降到最低，卖家大致要做到以下3点：

①严把产品的质量关，发货之前检查清楚产品有无缺陷，配件是否配齐；

②在写Listing时，实事求是，产品描述和产品本身一致，不要过度夸大产品，充分利用Q&A，认真解答买家的疑问；

③准备一张售后卡和小礼物，引导买家出现问题及时和卖家直接联系，保证竭尽全力为买家解决问题。

?? 想一想

分析买家差评的原因。

第1步：查看买家差评，并尝试翻译，如图 8.2.7 所示。

图 8.2.7　买家差评

评论的原文如下：

I am so upset because these booties actually stay on, But the snaps on both my original pair and the replacement pair came RIGHT OFF the first time I tried to put them on my daughter exposing sharp little metal fastener pieces that could cut her fragile skin.

第2步：分析此条差评的具体原因。

✎ 做一做

针对此次差评，尝试给买家发一封致歉信，提出切实可行的解决办法。

参考邮件模板如下：

Dear friend,

How are you today？

I'm sorry for our product. Please upload the picture for verification. If so, We'll send you a pair of the same shoes again as compensation. Please contact us as soon as possible.

Have a nice day.

※ 活动评价 ※

陈帅知道差评对于卖家来说是棘手的一个问题，在工作中需要尽量避免。一旦出现差评，就要想方设法去补救，在亚马逊平台不仅是简单地销售产品，也是给予一种良好的服务，做到顾客对产品和服务双满意是跨境电商人的追求。

活动5　探讨 Feedback 出现问题时正确的解决思路

活动背景

陈帅在了解 Review 的同时，也有关注 SUNNY 店铺 Feedback 的情况。据说，在美国94%的人在亚马逊平台购物前都会参考 Feedback 的情况。Feedback 是推动店铺销售量的重要因素。一旦 Feedback 出现差评，同样也面临如何解决的问题。于是，企业导师指导陈帅和他的同学们详细了解店铺 Feedback。

活动实施

🔲 知识窗

1.了解影响亚马逊平台中Feedback的重要因素

亚马逊平台中Feedback的重要因素就是星级评分和数量。

（1）星级评分

Feedback的好评评级同样也是星级评分，评级在4或5的话算好评，任何中评（评级是3）或差评（评级1或2）都会影响卖家的总体评价降低，相应地，店铺销售量也会有所影响。如果卖家的平均标准达不到亚马逊标准，卖家账户有可能会被暂停或者封号。

（2）Feedback数量

产品促销会经常用到Deal网站，也就是专门的导购促销网站，现在很多大的Deal网站会对参与促销的店铺Feedback数量有硬性条件，比如Slickdeals，全美在线人数最多、最活跃、辐射最广的一个购物分享论坛，要求之一就是店铺要高于1 000个Feedback。

2.积极处理出现的负面Feedback

为了维持高质量的 Feedback，出现3星以下的负面Feedback，卖家就要花时间和精力去移除。移除Feedback的思路有以下两种方法：

（1）主动积极找买家沟通

卖家无可避免地会收到负面Feedback，因为不可能做到让所有客户都满意。当收到负面Feedback的第一时间要根据Feedback具体的内容分析问题。如果问题来源于自身原因，卖家要主动积极发Email找买家沟通解决，有了满意的答复之后，表达希望其移除负面Feedback的心愿。

（2）找亚马逊Seller Help去移除

如果负面Feedback明显错不在卖家，而是FBA物流问题、顾客自身使用认识等问题，卖家可以快速地找亚马逊平台直接移除，在申请移除 Feedback 的 Additional information 里简单描述能为卖家"开脱"的理由，比如亚马逊平台规定：卖家Feedback不能包含任何产品内容，只能包含所提供的服务。所以理由可以写"this is a product review, please remove it"。如果移除失败，再通过其他方式Report A Violation或者Make A Suggestion解决。

做一做

分析 Feedback 情况并探索获取 Feedback 的技巧。

第1步：分组合作，各小组查看 SUNNY 店铺的 Feedback 中的情况，如图 8.2.8 所示。

Feedback Manager

Use the Feedback Manager to track buyer satisfaction with your service. You can view short- and long-term metrics, as well as detailed feedback entries, including buyer e-mails and Order IDs. Click the Order ID to view transaction details within the Manage Orders section of Seller Central. Learn more

Feedback Rating: ★ ★ ★ ★ ★
4.8 stars during time selling on Amazon. (16 ratings)

	30 days	90 days	365 days	Lifetime
Positive	100 %(1)	100 %(3)	100 %(9)	100 %(16)
Neutral	0 %(0)	0 %(0)	0 %(0)	0 %(0)
Negative	0 %(0)	0 %(0)	0 %(0)	0 %(0)
Count	1	3	9	16

This table displays the corresponding feedback percentages and feedback counts. See how your feedback displays to buyers on Amazon.　　Due to rounding, the values displayed may not add up to 100%.

图 8.2.8　SUNNY 店铺 Feedback 星级评分和数量

第2步：各小组分析 SUNNY 店铺 Feedback 星级评分和数量。

查一查

通过上网搜索，探索获取更多的 Feedback 的技巧，并上台展示分享。

※ 活动评价 ※

买家主动留下 Feedback 较少，如果体验不佳，又会留下负面 Feedback。陈帅深知在收集更多的店铺 Feedback 和处理好负面 Feedback 这两个工作上有一定的难度，所以在今后的工作中要想获得又好又多的 Feedback，最好是尽量做到尽善尽美，满意周到。

合作实训

> **Claudia**
>
> ⭐☆☆☆☆ **DO NOT BUY !**
> Reviewed in the United States on September 19, 2019
> Verified Purchase
>
> AWFUL !!!! Do not buy them. I was so excited and of course I get them and I unsnap them and the snap unattached so I immediately requested to send them back and get a replacement ones we'll just received my second ones and can you guess these came broken to !!! I'm so upset they should be checking them before sending I want my money back and it's saying my refund is $0.00 I'm beyond annoyed ! Do not recommend at all
>
> Helpful ⌄ Comment Report abuse

分组,根据所给信息,以小组为单位完成以下任务。

(1)利用翻译软件,翻译出 Review 的中文。

(2)根据 Review 的内容,尝试给买家发一封邮件,请撰写邮件内容。

项目总结

亚马逊店铺运营以客服及评价管理作为日常维护工作,一个亚马逊店铺是否能长期发展下去,客服及评价管理这一环节是不容小觑的。对于初入跨境电商行业的中职学生来说,客服及评价工作难度不大,容易上手。能做到对买家邮件进行合理回复,对 Review 和 Feedback 出现的问题进行及时处理,就能达到既定的工作目标,完成相应的工作任务。学生完成本项目的学习之后,要是能理论联系实际,真正实操亚马逊店铺当中客服及评价管理这一块,那对于今后的就业甚至创业能提供宝贵的经验。

项目检测

1.单项选择题(每题只有一个正确答案,请将正确的答案填在括号中)

(1)买家发邮件咨询产品的尺码、颜色、优惠、色差等,属于(　　　)的邮件。

　　A.售前类　　　B.售后类　　　　C.物流类　　　　　D.售中类

(2)(　　　)指的是客户对产品的评价,可以理解为"留评"。

　　A. Feedback　　B. Review　　　　C. Listing　　　　D. Product

(3)(　　　)指的是消费者对于卖家购物过程及服务的一个整体反馈,包括对产品质量、客服水平和物流速度、货物描述的评分,可以理解为"评价"。

　　A. Feedback　　B. Review　　　　C. Listing　　　　D. Product

(4)(　　　　),又名 Early Reviewer Program,是亚马逊平台为了鼓励买家对产品作出评价而推出的项目。

　　　　A.评价计划　　B.留评计划　　　　C.早期计划　　　D.早期评论人计划

(5)星级评分反馈的是买家对产品的评价,(　　　)星表示对产品评价最差,(　　　)星则最好。

　　A. 1, 2　　　B. 1, 3　　　　C. 1, 4　　　　　D. 1, 5

2.多项选择题(每题有两个或两个以上的正确答案,请将正确的答案填在括号中)

(1)亚马逊平台中 Review 对 Listing 的影响有(　　　　　)。

　　A. 提升 Listing 的排名　　　　B. 提升销量

　　C.直接影响店铺 ODR 指标的变化　D. 完善自身 Listing

（2）Review 出现差评的原因有（　　　　　）。

　　A. 质量问题　　B. 包装问题　　　　C. 买家感受问题　　D. 发错货问题

（3）Review 出现差评，卖家的处理技巧正确的有（　　　　　）。

　　A. 不予理睬　　　　　　　　　　B. 利用 Comment 回复买家

　　C. 主动邮件联系买家　　　　　　D. 利用 Report abuse 进行申诉

（4）影响亚马逊平台中 Feedback 的重要因素有（　　　　　）。

　　A. 星级评分　　B. Feedback 数量　C. 赢得 Buy Box　　D. VP 标志

（5）以下关于 Snagshout 的说法正确的是（　　　　　）。

　　A. Snagshout 是 2015 年 7 月份上线的一个折扣网站

　　B. 买家在该网站上一次能购买多种产品

　　C. 网站以 "Snag Deals, Write Views" 为口号

　　D. 在购买后一周内完成对该产品的评价，然后才可以购买其他产品

3. 判断题（正确的画 "√"，错误的画 "×"）

（1）撰写回复买家的邮件的时候，应该越长越好。　　　　　　　　　　　　（　　　）

（2）建议回复买家的邮件在一周之内完成。　　　　　　　　　　　　　　　（　　　）

（3）Review 不影响店铺。　　　　　　　　　　　　　　　　　　　　　　（　　　）

（4）只有确认是在亚马逊平台上真实购买过该产品的顾客才能在 Review 上加 VP 标志。

　　　　　　　　　　　　　　　　　　　　　　　　　　　　　　　　　（　　　）

（5）可以在卖家消息里查看到买家发给卖家的邮件。　　　　　　　　　　　（　　　）

4. 简述题

（1）Review 和 Feedback 的区别有哪些？

（2）好评获取的技巧有哪些？

参考文献

[1] 纵雨果. 亚马逊跨境电商运营从入门到精通 [M]. 北京: 电子工业出版社, 2020.

[2] 于霏. 跨境电商亚马逊运营实战宝典 [M]. 北京: 电子工业出版社, 2020.

[3] 老魏. 亚马逊跨境电商运营宝典 [M]. 北京: 电子工业出版社, 2018.

[4] 周任慧. 跨境电子商务实务 [M]. 北京: 化学工业出版社, 2019.

[5] 王冰. 跨境电子商务基础 [M]. 重庆: 重庆大学出版社, 2020.

[6] 陆端. 跨境电子商务物流 [M]. 北京: 人民邮电出版社, 2019.